국기에 그려진 세계사

국기에 그려진
세계사 콩이와 함께하는 35개국 역사 여행

1판 1쇄 발행 2017년 3월 24일
1판 7쇄 발행 2023년 12월 15일

지은이 김유석
그린이 김혜련
펴낸이 이민선, 이해진
편집 홍성광
디자인 박은정
홍보 신단하
제작 호호히히아빠
인쇄 삼조인쇄

펴낸곳 틈새책방
등록 2016년 9월 29일 (제2023-000226호)
주소 10543 경기도 고양시 덕양구 으뜸로110, 힐스테이트 에코 덕은 오피스 102동 1009호
전화 02-6397-9452
팩스 02-6000-9452
홈페이지 www.teumsaebooks.com
인스타그램 @teumsaebooks
블로그 www.naver.com/teumsaebooks
전자우편 teumsaebooks@gmail.com

ISBN 979-11-959760-2-7 03900

국기에 그려진 세계사

콩이와 함께하는 35개국 역사 여행

김유석 글 | 김혜련 그림

틈새책방

2014년 '그날' 이후 우리는 노란 리본을 달기 시작했습니다. 노란 리본은 '그 사건'을 잊지 말자는 약속이고, 그런 일이 다시 되풀이되면 안 된다는 다짐이며, 마지막으로 남은 이들이 돌아오기를 바라는 간절함의 상징입니다.

이 노란 리본이 우리나라에 등장한 데에는 사연이 있습니다. 미국에서 일어난 남북 전쟁 시기, 많은 젊은이들은 고향을 떠나 전쟁터로 향해야 했습니다. 젊은이들이 떠난 마을에 남은 사람들은 이들이 무사히 돌아오기를 바라며 나무에 노란 리본을 달기 시작했다고 합니다. 이후 노란 리본은 그리움과 재회의 마음을 담은 상징이 됐고, 수백 년의 시간이 지나 태평양을 넘어 대한민국까지 이어진 것입니다.

인간이 만들어 낸 상징은 우연히 만들어진 게 아니라 나름의 의미와 이야기를 담고 있습니다. 특히 국기는 그 나라 사람들이 공유하거나 공감할 수 있는 이야기가 담긴 역사의 산물입니다. 따라서 국기에 숨겨진 이야기를 안다는 것은 그 나라의 근간을 이해할 수 있는 창을 들여다보는 것과 같습니다. 알게 되면 그만큼 이해의 폭과 공감의 깊이가 달라집니다. 국기는 우리가 처음으로 접하는 다른 나라의 상징이므로, 국기를 알면 다른 나라를 더 쉽게 이해할 수 있는 도구를 얻게 되는 셈입니다.

하지만 우리는 국기를 '읽는' 대상이라기보다는 눈으로 '외우는' 대상으로만 인식하고 있습니다. 서점에서 볼 수 있는 국기 관련 도서는 대부분 유아용이나 어린이용입니다. 국기와 나라 이름을 외우는 정도에서 그치는 책들입니다. 그 이유는 책을 선택할 권리를 가진 어른들도 국기에 다른 의미가 숨어 있다는 것을 알지 못하거나 굳이 찾아볼 정도로 흥미를 느끼지 못했기 때문일 것입니다. 역사학을 전공하고 글을 쓰는 입장에서, 다른 나라를 가장 쉽게 이해할 수 있는 도구 중 하나인 국기를 껍데기만 외우는 용도로 활용하는 것은 참으로 아쉬운 일이었습니다.

제가 국기에 본격적으로 관심을 가진 것은 매거진 〈빅 이슈〉에 재능 기부를 하면서부터였습니다. 역사 콘텐츠를 쉽고 재미있게 전달하기 위해 고민하다 위와 같은 이유로 국기를 선택했고, 함께했던 그림작가님과 만화를 제작했습니다. 하지만 한정된 지면 때문에 흥미로운 이야기를 제대로 전달하기 어려웠습니다. 이런 아쉬움을 남겨 둔 채 묵혀 두다 일러스트를 맡은 김혜련 작가를 만나 이 책을 내게 되었습니다. 여기에 소개된 35개 나라의 이야기와 김혜련 작가의 그림을 통해 각각의 나라들이 갖고 있는 고유의 역사와 문화, 때로는 흥미진진한 이야기들이 그 나라를 이해하는 하나의 토대가 될 수 있을 거라고 생각합니다. 이 책을 통해 국기 속의 숨은 그림을 읽어내면서 역사를 즐기는 시간을 가지기를 바랍니다.

2017년 3월

김유석

작가의 말

《국기에 그려진 세계사》의 일러스트 작업을 한창 진행 중이던 때, 서울 모처를 혼자 지나다가 세계 여러 나라의 국기를 보고 '이 나라의 국기 색상에는 이런 의미가 있었지', '저 나라 국기 그림에는 이런 이야기가 있었지' 하며 시간이 가는 줄 모르고, 그 자리에 우두커니 서서 생각을 이어 갔던 적이 있습니다.

이 책의 일러스트 작업을 하기 전이었다면, 국기를 보더라도 그냥 무심히 지나쳤을 텐데, 글을 그림으로 표현하기 위해 수차례 읽고 있던 때여서인지, 우연히 보게 된 여러 나라의 국기가 새삼스레 반갑더군요. 옆에 동행하는 누군가가 있었다면 국기가 만들어진 배경이나 상징을 재잘재잘 설명해 주었을 텐데, 혼자 지나던 길이라 그러지 못한 것이 못내 아쉬웠습니다.

시간이 꽤 흐른 지금, 그날을 다시 떠올려 보면 혼자 길을 지나가다가 여러 국기를 우연히 마주쳤을 때 반가움을 느꼈던 것이 퍽 신기합니다. 중·고등학교에 다닐 때 역사 과목을 굉장히 좋아하기는 했지만, 사실 평소에 국기는 단순히 나라를 상징하는 이미지로만 받아들이는 경우가 많았고, 적게나마 국기에 대해 알고 있는 것은 단편적인 이야기들이 대다수였으니까요. 국기에 대해 관심을 갖고 책이나 인터넷 정보 등을 찾아본 일도 딱히 없었고요.

그래서 저는 《국기에 그려진 세계사》에 들어가는 그림 작업을 하기로 결정하던 날, 중·고등학생 때 굉장히 좋아했던 역사를 소재로 그림을 그려 볼 수 있는 기회가 정말 기뻤지만, 한편으로는 덜컥 겁이 나기도 했습니다. 책에 그림 작가로서 참여하게 된다면, 독자가 되는 동시에 그림의 작가가 되어야 하는데, 국기에 대해 갖고 있는 배경지식이 깊지 않아서 '과연 내가 이 글의 독자 역할을 잘할 수 있을까' 하는 걱정이 컸기 때문입니다.

실제로 이 책에 들어갈 그림을 구상하고 초반 작업을 진행할 때, 국기에 담긴 역사적 배경이나 인물, 상황 등을 그림으로 재해석하여 풀어 나가는 과정이 특히 어려웠습니다. 작은 부분 하나를 그릴 때도 정말 많은 자료를 구해야 했으며, 표현을 할 때에도 많은 시간을 들여 끊임없이 고민해야 했거든요. 컴퓨터상에서 스케치 위에 선을 입히는 작업도 어렵기는 마찬가지지만, 글 내용을 어떻게 그림으로 재해석할 것인가를 고민해야 하는 초반 작업은 특히 어렵고 힘들었습니다.

그렇지만 수없이 글을 읽고, 자료를 찾고, 표현을 고민했던 시간들이 이제 곧 한 권의 책에 실리게 된다는 것은 정말로 뿌듯하고 즐거운 일입니다. 제가 그동안 글의 내용을 그림으로 충실히 담아내기 위해 구상 단계에서 수없이 고민을 하고 수차례의 수정 작업을 거쳐 왔던 만큼 제 그림이 쉽게 여러분들의 마음에 와 닿기를 바랍니다. 저의 캐릭터 '콩이'와 함께했던 지난 시간들이 독자 여러분들께 즐거움으로 전달된다면 이 책의 그림 작가로서 더 이상 바랄 것이 없을 것 같습니다.

이 책의 일러스트를 작업하는 동안 감사를 전해 드릴 분들이 정말 많습니다. 우선 좋은 글을 써 주신 김유석 작가님께 진심으로 감사드립니다. 또 작업을 진행하는 동안 함께 뛰어 주신 틈새책방에게도 고마운 마음을 전합니다. 가까운 곳에서 저를 걱정하고 응원해 주신 가족, 친구들, 저의 뮤즈이자 소중한 사람, 소셜 네트워크 서비스나 웹 페이지 등 다양한 곳에서 제 그림을 사랑해 주시는 모든 분들께도 진심으로 감사드립니다.

그리고 마지막으로 수많은 인물들로 변신하며 다양한 역할을 맡아 수고가 많았던, 사랑하는 저의 분신 '콩이'에게도 감사의 말을 전합니다. 이 책을 읽어 주시는 독자 여러분들께 다시 한 번 고개 숙여 감사 인사를 올립니다.

2017년 3월

김혜련

세계사를 가르치면서 가장 많이 접하게 되는 상징이 바로 국기다. 근대 역사학이 국민국가를 기본 단위로 설정하면서 국기야말로 국가를 가장 함축적이고도 효과적으로 보여 줄 수 있는 매체가 되었기 때문이다.

그만치 중요한 국기이기에 선 하나, 문양 한 개, 색깔 한 가지에도 깊은 역사적 의미가 담겨 있다. 이 책은 그런 국기들이 만들어지는 과정을 역사적으로 해부하고, 그 안에 담긴 복잡한 이야기들을 쉽게 풀어놓은 글이다. 역사학을 공부하는 사람이라면 누구나 꼭 필요하다고 느꼈을 작업이지만, 지금까지 그 누구도 선뜻 나서서 정리하지 못했었다.

그런데 제자인 김유석 군이 이런 성과물을 내어놓게 되어 매우 기쁘고도 자랑스럽다. 김유석 군은 대학원 재학 시절 트랜스내셔널사에 관심이 컸었는데, 그 연장선에서 미국에 거주하던 라티노의 존재감과 정체성에 관한 논문을 썼다. 일국사에 머무르지 않고 국경을 넘나드는 인적 교류와 타국에서도 뿌리를 잃지 않았던 역사적 생명력에 관심을 가졌던 것이다.

그런 저자의 이력을 감안하고 이 책을 읽는다면 독자들은 국기에 녹아 있는 각 나라의 특징뿐만 아니라 여러 국기들에서 공통적으로 나타나는 상징이 곧 역사적 공통분모라는 사실에도 주목할 수 있을 것이다.

대학원 졸업 후 사회인으로서 치열한 삶을 꾸려 가면서도 김유석 군은 자신이 전공했던 역사에 대한 애정을 잃지 않았다. 오히려 더욱 실제적인 문제의식을 반영한 역사 이야기를 사회 구성원들에게 꾸준히 들려 주려 했다. 역사는 결국 우리 모두의 유산이기에, 그 유산을 매만지며 치장해 가는 저자의 노력에 공동체의 일원으로서 감사와 응원을 보낸다.

연세대학교 사학과 교수

설혜심

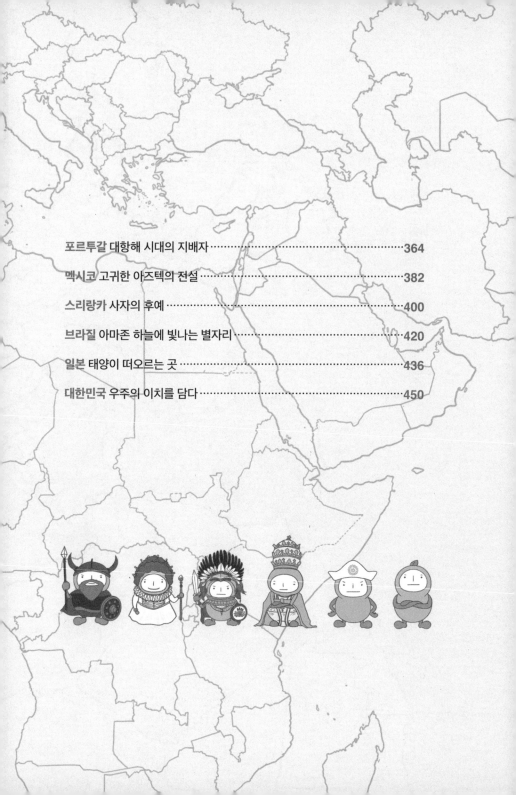

세상의 끝에서 완성한 레콘키스타 **스페인**

스페인

이베리아반도 삼면이 바다로 둘러싸이고 한 면은 육지에 이어진 땅에 위치한 나라. 수도는 마드리드, 국토 면적은 50만 6,000제곱킬로미터, 인구는 약 4,700만 명 정도입니다. 스페인의 정식 명칭은 Reino de España레이노 데 에스파냐, '스페인 왕국'입니다. 즉, 국왕이 통치하는 나라인 거죠. 하지만 실질적인 모든 권한은 총리에게 있는 입헌 군주제 국가입니다. 스페인은 카탈루냐, 발렌시아, 아라곤, 안달루시아 등 각 지방들이 다양한 특색을 뽐내는 아름다운 나라입니다. 특히 지중해 쪽은 1년 내내 따사로운 햇살과 아름다운 해변으로 유명합니다.

'스페인' 하면 무엇이 가장 먼저 떠오르시나요? 세계 축구를 호령하는 레알 마드리드 CF나 FC 바르셀로나 같은 축구 팀이 떠오르나요? 아니면 정열적인 투우사는 어떤가요? 피카소나 호안 미로, 고야 같은 유명한 예술가들을 떠올리거나, 현대 건축의 거장 가우디와 그가 만들어 낸 '성가족 성당'이 생각나는 분들도 있을 겁니다.

　스페인은 생각보다 우리에게 친숙한 나라입니다. 다른 나라와 한 번 비교해 보세요. 스페인만큼 많은 것들이 바로 떠오르는 나라는 많지 않습니다.

　이베리아반도의 맹주^{盟主} 스페인은 16~17세기에 전성기를 맞았습니다. 1492년 스페인 왕실의 후원으로 콜럼버스가 아메리카 대륙을 발견한 이래로 스페인은 전 세계에 많은 식민지를 갖게 됩니다. 당시 스페인이 점령한 영토는 어마어마한 크기였습니다. 아래 지도를 한번 보세요.

16세기 스페인 제국의 영토. 초록색 부분이 스페인의 땅이다.

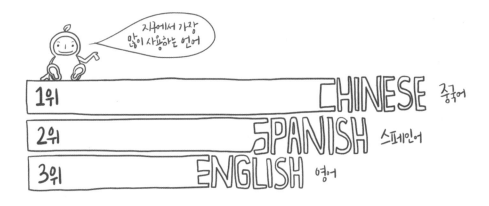

대항해 시대 때 엄청나게 거대한 제국을 다스린 덕에 스페인어는 중국어 다음으로 세계에서 가장 많은 사람들이 사용하는 언어가 됐습니다.

하지만 지금 스페인이 자리 잡고 있는 이베리아반도는 원래 스페인 땅이 아니었습니다. 15세기까지는요. 그러면 그 이전에는 누가 이베리아반도를 지배했을까요?

정답은 바로 이슬람교를 믿었던 무슬림이었습니다.

아라비아반도에서부터 시작된 이슬람교는 빠른 속도로 동서로 세력을 확장했고, 8세기경부터는 아프리카에서 이베리아반도로 건너와 대부분을 점령해 버립니다.

무슬림이 이베리아반도를 점령하자 기존에 이곳에서 살고 있던

사람들은 당황했습니다. 오랜 기간 로마 제국의 영향을 받으며 살았던 이베리아반도 사람들은 대부분 기독교를 믿었거든요. 사람들은 이슬람교로 개종하고 무슬림의 통치를 받아들이거나, 피레네산맥을 넘어 지금의 프랑스 땅으로 도망갈 수밖에 없었습니다.

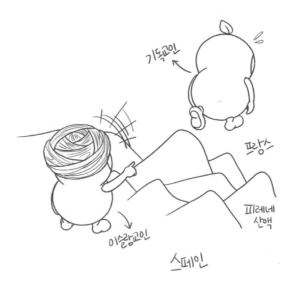

이베리아반도 북쪽에 숨어서 저항했던 기독교인들도 있었지만, 이들은 워낙 소수였기 때문에 무슬림들은 별로 신경 쓰지 않았습니다.

이런 이유 때문에, 기독교를 믿었던 중세 유럽 사람들은 이베리아반도를 무슬림들로부터 되찾아야 할 땅이라고 생각했습니다. 스페인 사람들은 이를 '레콘키스타Reconquista'라고 부르지요.

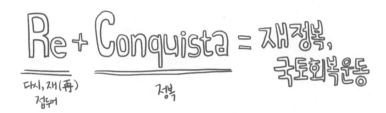

다시, 재(再)
접두어

정복

스페인 사람들의 관점에서 중세는 '레콘키스타', 즉 국토 회복의 시대였습니다. 그래서일까요? 스페인 국기에는 무슬림이 이베리아 반도를 점령한 8세기 초부터 '레콘키스타'를 완료한 1492년까지, 약 800년간에 걸친 역사가 고스란히 담겨 있습니다.

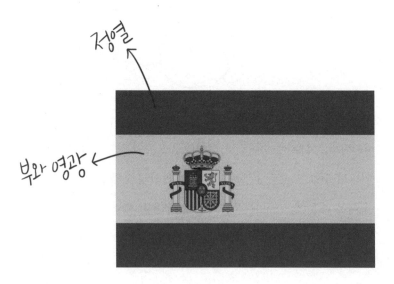

정열

부와 영광

그중에서도 중요한 건 스페인 국기의 한가운데 위치한 왕가의 문장입니다. 이 문장 속에는 다양한 상징들이 결합되어 있습니다. 이 상징들이 어떤 의미를 지니는지 살펴보면서, '레콩키스타'의 역사를 되짚어 보도록 하겠습니다.

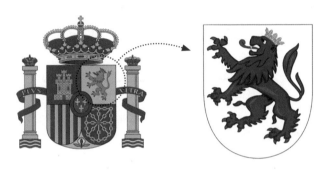

방패의 오른쪽 위에는 왕관을 쓴 사자가 용맹하게 서 있습니다. 이 사자는 '레온 왕국Reino de León'의 상징입니다.

무슬림을 피해 숨어 있던 기독교도들은 옛날 로마군이 주둔했던 레온이라는 도시에 모여 나라를 세웠습니다. 이렇게 세워진 것이 바로 레온 왕국입니다.

레온은 라틴어로 '사자'를 뜻하는 말인 'Leo'에서 따왔습니다. 사자는 고대부터 용맹함을 상징하는 동물이었으니 무슬림에 맞서는 왕국의 상징으로 삼기에는 안성맞춤이었죠.

레온 왕국의 건국은 본격적으로 이베리아반도를 되찾으려는 기

독교의 반격이 시작되었음을 알리는 신호탄이었습니다.

한편 피레네 산맥 기슭으로 피난했던 한 무리의 기독교인들도 지금의 바스크 지방에 터를 잡고 나라를 세웠습니다. 이 나라가 '나바라 왕국Reino de Navarra'입니다.

나바라 왕국을 상징하는 것은 황금색 사슬 문양입니다. 황금색 사슬 문양에는 무슬림과의 전투에서 맹활약했던 산초 7세Sancho VII의 흥미진진한 무용담이 담겨 있습니다.

1212년 어느 무더운 여름, 기독교 군대와 이슬람교 군대는 '라스 나바스 데 톨로사Las Navas de Tolosa'에서 맞붙었습니다. 기독교 군대에게는 쉽지 않은 도전이었을 겁니다. 그때까지 기독교 군대는 강력한 무슬림 군대에게 거듭 패배를 당해 왔거든요.

하지만 산초 7세가 기독교군의 선봉에 나서자 분위기가 바뀝니다. 산초 7세는 별명이 '힘센 왕The Strong'일 정도로 용맹했습니다. 산초 7세는 자신의 앞을 가로막는 무슬림 전사들을 모조리 물리치며 자신의 별명에 걸맞은 모습을 보여 줬습니다.

산초 7세는 모든 방어선을 뚫고 무슬림 칼리프정치와 종교의 권력을 모두 가진 이슬람 교단의 지배자를 사로잡기 위해 그의 막사로 진격했습니다. 그러나 칼리프의 막사는 황금 사슬로 서로를 묶은 채 필사의 방

어진을 구축한 강력한 노예 전사들이 지키고 있었습니다. 절대 물러서지 않겠다는 배수의 진을 친 셈이었죠. 그러나 필사의 방어진도 '힘센 왕' 산초를 막을 수 없었습니다. 그는 단숨에 노예 전사들을 물리치고, 칼리프까지 굴복시켰습니다.

산초는 이 황금 사슬을 전리품으로 가지고 왕국으로 돌아갔습니다. 이후 나바라 왕국은 이 승리를 기리며 황금 사슬이 새겨진 붉은 방패를 나라를 상징하는 문장으로 삼았다고 합니다.

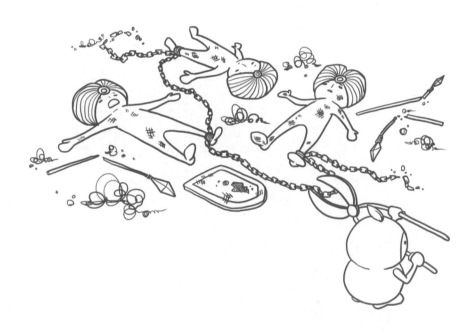

레온 왕국과 나바라 왕국이 레콘키스타의 기반을 마련했다면, 레콘키스타를 마무리 지은 것은 '카스티야 왕국Reino de Castilla'과 '아라곤 왕국Reino de Aragón'입니다.

원래 카스티야 왕국은 레온 왕국의 조그마한 봉토로부터 시작되었습니다. 하지만 빠른 속도로 세력을 확장한 카스티야 왕국은 기독교를 대표하는 나라를 자처하며 무슬림과 맞섭니다. 카스티야 왕국은 파죽지세로 무슬림을 몰아내고 이베리아반도의 중앙을 차지하는 거대한 나라가 됩니다.

카스티야라는 이름은 무슬림과의 전쟁에서 그 연원을 찾을 수 있

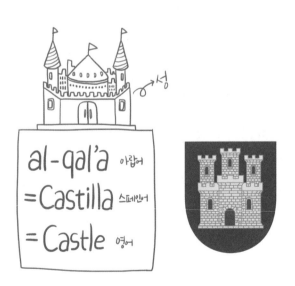

습니다.

무슬림을 피해 북쪽에 자리 잡은 기독교인들은 방어를 목적으로 성을 많이 세웠지요. 그래서 이베리아반도에 살던 무슬림들은 이들이 사는 곳을 '알칼라al-qal'a', 즉 '성'이 많은 곳이라고 불렀다고 합니다. '성castle'이라는 뜻의 스페인어 카스티야가 나라 이름이 된 것은 이런 이유 때문입니다.

아라곤 왕국 역시 처음에는 프랑크 왕국의 작은 변경백국경 방비를 위해 설치한 변경 구역의 사령관령에서 시작됐습니다. 피레네산맥 남쪽에 방어를 목적으로 한 작은 영토를 떼어 내서 그곳을 지킬 사람을 임명했던 것이지요. 11세기경 독립된 왕국으로 발전한 이 변경백령은 곧 아라곤 왕국이 됩니다. 이후 아라곤 왕국은 무슬림들을 몰아내고 사라고사, 바르셀로나와 결합하면서 강력한 왕국으로 발전합니다.

아라곤 왕국의 문장은 황금색 바탕에 붉은 줄무늬입니다. 이 문장은 유럽에서 가장 오래된 문장 중 하나로 알려져 있는데, 지금도 그 전통이 이어져 내려오고 있습니다. FC 바르셀로나의 주장 완장은 아라곤 왕국의 문장과 같습니다.

지중해 무역에 활발하게 참여했던 바르셀로나는 예부터 매우 부유한 도시였고, 아라곤 왕국이 발전하는 데 큰 역할을 했습니다. 아

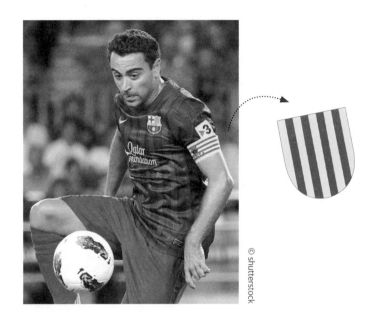

© shutterstock

라곤의 전통은 이렇게 현대에도 명맥을 유지하고 있답니다.

15세기가 되면서 여러 개로 나뉘었던 기독교 왕국들이 하나로 뭉치게 됩니다. 레온 왕국은 카스티야 왕국과, 나바라 왕국은 아라곤 왕국과 통합됩니다.

1469년 기독교 세계에는 기념비적인 사건이 일어납니다. 카스티야 왕국의 왕 이사벨라 1세Isabel I와 아라곤 왕국의 왕자 페르난도 2세Fernando II가 결혼한 것이지요.

두 사람의 결혼으로 이베리아반도에는 통일된 하나의 기독교 국가가 탄생하게 되었습니다. 교황도 이들의 결혼을 축하하며, '가톨릭 공동왕Los Reyes Católicos'이라는 칭호를 내리기도 했습니다.

　이베리아반도에 거대한 기독교 왕국이 등장하자 무슬림 세력은 급속도로 쪼그라들었습니다.

　마침내 1492년 기독교 왕국은 이베리아반도에서 유일하게 남아

있던 무슬림 도시 그라나다를 점령하는 데 성공합니다. '레콘키스타'가 완성되는 순간이었습니다.

영광스러운 레콘키스타를 기념하기 위해서였는지 스페인 국기 속에는 그라나다를 상징하는 그림도 숨어 있습니다. 네 개로 나누어진 방패 아래쪽에는 작은 꽃 모양 문장이 있습니다. 이 꽃은 석류입니다. 그라나다granada는 스페인어로 '석류'를 의미합니다.

이렇게 스페인의 국기 안에 그려진 문장 속에는 지금의 스페인을 구성하게 된 다양한 지역의 상징들과 레콘키스타의 역사가 숨어 있습니다. 이들이 공동의 적이라고 생각했던 무슬림을 몰아내면서 점차 하나가 되어 지금의 스페인 왕국을 건설하게 된 역사가 함축되어 있는 셈입니다.

그런데 4왕국의 문장 한가운데 새겨진 백합 문장은 무엇일까요?

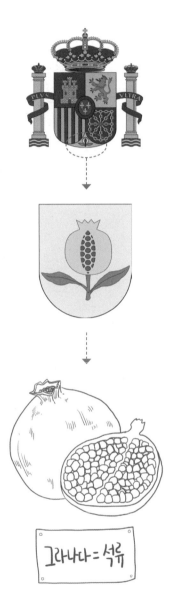

그라나다 = 석류

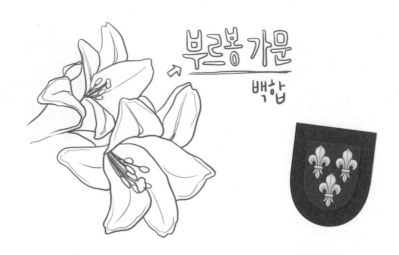

백합 문장은 부르봉 왕가를 뜻합니다. 18세기 스페인 국왕 카를로스 2세Carlos II가 자식 없이 사망하자 친척이었던 프랑스 부르봉 왕가의 펠리페 5세Felipe V가 국왕이 됩니다. 펠리페 5세는 '태양왕' 루이 14세Louis XIV의 손자였습니다. 이후로 스페인 왕가는 계속해서 부르봉 가문이 잇게 됩니다. 현재 스페인의 국왕 펠리페 6세2014년 즉위 역시 부르봉 가문의 후손입니다.

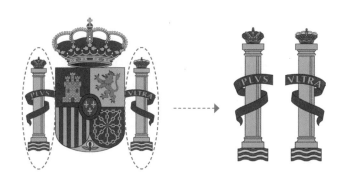

　마지막으로 문장을 감싸고 있는 양쪽의 두 기둥에 대해서 알아볼 차례입니다. 이 기둥은 옛날부터 '헤라클레스의 기둥'이라고 불렸습니다. 이 기둥은 세계의 끝을 상징합니다. 고대부터 유럽 사람들에게 지중해 바깥은 세계의 끝이었습니다. 유럽 사람들은 대륙의 서쪽 끝인 지브롤터 해협 바깥 바다 너머에는 낭떠러지가 있고, 그 밖으로 나가면 영원히 돌아올 수 없다고 믿었습니다.

대서양

그리스 신화에 따르면, 지브롤터 해협의 양쪽 곶 끝단에는 영웅 헤라클레스가 세계의 끝임을 알리고자 두 개의 기둥을 설치했다고 합니다. 그리고 이 기둥에는 'Ne Plus Ultra이 너머에는 아무것도 없다'라는 경고문을 새겼다고 합니다.

16세기 스페인의 왕이 된 합스부르크 왕가의 카를 5세Karl V는 이

경고문을 새롭게 바꿨습니다. 'Ne Plus Ultra'에서 'Ne'를 뺀 것이지요. 'Plus Ultra'는 정반대의 뜻이 됩니다. 즉, '더 이상은 없다'에서 '보다 더 멀리'라는 뜻이 되지요. 콜럼버스가 대서양을 건너 아메리카 대륙에 도착한 이후, 유럽의 한계는 지중해에서 대서양 너머로 확장되었습니다.

유럽의 서쪽 끝 이베리아반도에서 무슬림과 싸워 레콘키스타를 완성한 스페인에게, 지브롤터 해협의 헤라클레스의 기둥은 이제 세상의 끝이 아니라 새로운 세계가 시작되는 곳이 되었습니다.

체 스 로 나 라 를 지 키 다 **크로아티아**

크로아티아

크로아티아는 아드리아해와 맞닿아 있는 나라입니다. 수도
는 자그레브, 국토 면적은 5만 6,000제곱킬로미터이며 인
구는 약 440만 명입니다. 정식 명칭은 흐르바츠카 공화국
Republika Hrvatska으로 대통령이 있지만 실제 권한은 총리에
게 있는 의원 내각제 국가입니다. 유네스코 세계 자연 유산
으로 지정된 플리트비체 국립 공원은 폭포로 연결된 16개
의 아름다운 호수 공원으로 우리나라 사람들도 많이 찾는
관광지 중 하나입니다.

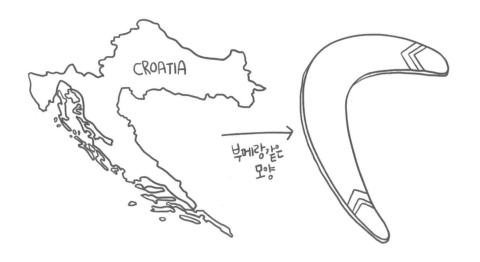

부메랑같은 모양

CROATIA

여러분들은 크로아티아가 어디에 있는지 알고 계신가요? 크로아티아가 유럽에 위치한 나라 중 하나인 것은 알아도 정확한 위치를 아는 사람은 많지 않을 겁니다.

크로아티아는 아드리아해를 가운데 두고 이탈리아 반도와 마주 보고 있는 긴 해안선을 가진 나라입니다. 이 해안 지역을 달마티아 혹은 달마시아 지역이라고 부릅니다.

뭔가 이름이 익숙하게 들린다고요? 네, 맞습니다. 이 달마티아는 하얀 바탕에 검은 점이 가득한 강아지 달마티안의 고향이기도 하지요.

DALMATIAN

잘 알려져 있지는 않지만 크로아티아에서 유래해 우리에게 익숙해진 것이 또 하나 있습니다. 바로 넥타이지요. 넥타이는 유럽에서 '크라바트Cravat 또는 Kravat'라고 부르는데, 이 말은 크로아티아를 가리키는 말에서 왔습니다.

넥타이가 널리 퍼지게 된 이유는 프랑스의 왕 루이 13세Louis XIII 때문이었습니다. 루이 13세는 용병으로 온 크로아티아 보병대의 목에 둘러진 붉은 천의 멋에 홀딱 빠져 버렸거든요. 이 천은 사실 용병

들의 무사 귀환을 기원하며 부인이나 가족들이 목에 둘러 준 것이 었습니다.

루이 13세는 프랑스 보병대에게 이 복식을 받아들이도록 지시했고, 넥타이는 금세 군인뿐만이 아니라 유럽 전역의 남자들에게 '머스트 해브must have' 아이템이 되어 버렸죠. 예나 지금이나 프랑스 파리는 세계 패션의 중심지였으니까요.

그럼 이제 크로아티아 국기 이야기를 시작해 볼까요? 크로아티아 국기에서 주의 깊게 살펴볼 점은 빨강, 하양, 파랑이 어우러진 바탕 색깔과 국기 한가운데 박힌 국장에 담긴 크로아티아의 상징, 체크무늬입니다.

크로아티아가 위치한 지역은 아시아와 유럽의 교차점이라서 다양한 문화와 민족, 종교가 복잡하게 얽힐 수밖에 없었습니다.

중세가 시작될 무렵 이 지역에는 가톨릭을 받아들인 고트족이 들어왔지만, 9세기경에는 북쪽에서 내려온 슬라브족이 자리 잡으면서 대다수의 인구를 차지하게 되었습니다. 이들은 곧 비잔틴 제국의 영향을 받아 정교회를 믿게 됩니다.

그런데 비잔틴 제국이 쇠퇴하자 거대한 이슬람 제국이었던 오스만 제국이 이 지역을 차지했습니다. 14세기부터 수백 년간 이 지역을 지배한 오스만 제국은 이슬람 국가인 데다 민족적으로도 튀르크족이 중심이었습니다.

그런데 제1차 세계대전 이후 오스만 제국이 붕괴되면서 독립의

기회를 얻게 됩니다. 특히 인구의 다수를 이루고 있던 슬라브인들은 '슬라브 민족은 하나다!'라는 구호를 외치며 일어섭니다.

결국 이들은 유고슬라비아라는 연방 국가를 건설하는 데 성공합니다. 이 당시 슬라브 민족의 색이라는 이유로 채택한 것이 바로 빨강, 하양, 파랑이지요.

크로아티아, 슬로베니아, 세르비아 그리고 또 다른 슬라브 민족의 국가인 러시아까지도 빨강, 하양, 파랑으로 국기 색을 구성하고 있는 이유입니다.

세르비아

슬로베니아

러시아

하지만 '슬라브 민족은 하나다!'라는 표어도 여전히 그 안에 숨겨진 다양한 차이점을 아우르는 데에는 실패하고 말았습니다. 나라 안에는 튀르크 민족도 있고, 정교회가 아닌 이슬람교나 가톨릭을 믿는 사람들도 있었습니다. 오랫동안 유지해 온 전통문화를 소중히 여기는 사람들도 있었지만, 유럽이나 아시아의 문화를 받아들이거나, 수백 년간 스며든 오스만 문화를 따르는 사람들도 있었습니다.

이후 유고슬라비아 연방에서는 수십 년간 셀 수 없을 만큼 많은 전쟁이 벌어졌고, 결국 지금은 모두 쪼개져 독립된 나라를 꾸리고

있습니다.

크로아티아는 유고슬라비아 연방에서 가장 먼저 독립 국가를 건설하는 데 성공한 나라입니다. 크로아티아는 아드리아해에 면해 있기 때문에 무역을 발전시킬 수 있었고, 따라서 경제적으로 안정적인 편이었거든요.

슬라브의 색인 빨강, 하양, 파랑에 대해 알아봤으니, 이제는 크로아티아 국장에 새겨진 체크무늬에 대해서 살

크로아티아 축구 대표 팀의 유니폼에는 체크무늬가 있습니다. © shutterstock

펴볼 차례입니다.

혹시 크로아티아 축구 대표 팀의 유니폼을 보신 적이 있나요? 빨강과 하양으로 이루어진 체크무늬는 '크로아티아 체크'라고 불리는데, 크로아티아인들이 가장 많이 사용하고 아끼는 무늬라고 합니다. 그런데 왜 이 체크무늬가 크로아티아를 상징하게 됐을까요? 크로아티아 체크에 관해서는 한 가지 설화가 전해져 내려옵니다.

10세기 말 크로아티아의 왕 스테판 드르지슬라프Stjepan Držislav는 이탈리아의 도시 국가인 베네치아와 전쟁을 치릅니다. 달마티아 지방을 손에 넣고 아드리아해와 동지중해의 상권을 장악하려는 베네치아의 욕심 때문이었죠.

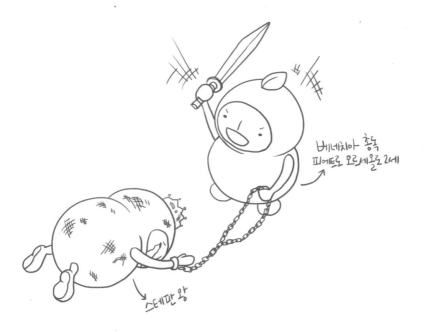

베네치아 총독
피에트로 오르세올로 2세

스테판 왕

스테판 왕은 용감하게 침략자와 맞서 싸웠지만, 안타깝게도 당시 최강의 해군력을 자랑하던 베네치아에게 패배하고 말았습니다. 결국 스테판 왕은 베네치아의 총독 피에트로 오르세올로 2세Pietro II Orseolo에게 포로로 잡힙니다.

피에트로 총독에게는 한 가지 취미가 있었는데, 그것은 바로 체스였습니다. 그런데 크로아티아의 왕 스테판 역시 체스 실력이 수준급이라는 소문이 총독의 귀에도 들어간 모양입니다. 총독은 체스 실력에 대한 자부심이 꽤 강했던지 기껏 붙잡은 스테판 왕에게 도저히 거절할 수 없는 조건으로 체스 경기를 제안합니다. 자신을

이기면 풀어 주겠다는 조건이었습니다.

피에트로 총독이 자신만만하게 내기를 걸었지만 실력은 크로아티아의 왕이 한 수 위였던 것 같습니다. 연이어 세 경기를 모두 이겼다고 하니까요. 결국 스테판 왕은 피에트로 총독의 약속대로 자유를 얻었고, 유유히 감옥을 떠나 고국으로 돌아올 수 있었지요.

이 이야기가 사실인지는 알 수 없습니다. 한 가지 확실한 것은 크로아티아의 왕 스테판이 베네치아의 확장을 막아 냈다는 사실입니다. 하지만 안타깝게도 스테판은 너무 일찍 죽음을 맞이했습니다.

스테판 왕이 죽고 나서 베네치아는 달마티아 지역을 손에 넣고, 아드리아해 전역으로 세력을 확장하는 데 성공합니다. 그렇지만 크로아티아는 외세에 맞서 용감하게 싸운 스테판 왕을 잊지 않고, 체스판의 체크무늬를 자신들의 상징으로 삼은 것입니다.

국장 위의 다섯 방패

① 초승달 위의 육각별은 슬라브족이 발칸 반도에 오기 전에 살았던 고대 일리리

아인들이 사용하던 문양이라고 합니다.

② 크로아티아 여행의 중심지 두브로브니크의 문양입니다. 두브로브니크는 베네

치아와 아드리아해 상권을 놓고 대결할 정도로 강력한 도시 국가였습니다.

③ 왕관을 쓴 세 개의 사자 머리 문양은 달마티아 지역의 문양입니다. 사자는 베네

치아의 상징이기도 합니다. 베네치아가 달마티아 지역을 손에 넣었을 때의 영향

으로 보입니다.

④ 산양은 크로아티아 북서쪽의 이스트라 반도를 상징합니다.

⑤ 크로아티아의 가장 동쪽 지방인 슬라보냐 지역을 상징합니다. 검은 동물은 족제

비과의 동물 쿠나Kuna입니다. 쿠나는 크로아티아의 화폐 단위인데, 쿠나의 가죽

이 화폐 대신 사용되던 때의 흔적이라고 합니다.

SWITZERLAND

신 뢰 로 만 든 중 립 국 **스위스**

스위스

스위스는 '영세 중립국'으로 잘 알려진 연방제 공화국입니다. 중립국이란 한마디로 다른 나라와의 관계에서 누구의 편도 들지 않는다는 의미입니다.

스위스에는 헌법으로 정해진 수도는 없지만, 베른이 수도의 역할을 하고 있습니다. 가장 잘 알려진 취리히는 스위스에서 가장 큰 도시입니다.

스위스의 면적은 4만 1,285제곱킬로미터, 인구는 약 812만 명 정도인데, 공식 언어는 프랑스어, 독일어 등 4개나 된답니다.

스위스는 세계에서 거의 유일하게 직접 민주주의를 실현하고 있는 나라이기도 합니다.

알프스의 나라로 유명한 스위스. 우리에게는 스위스라는 이름으로 알려져 있지만, 실제로는 '칸톤Canton'이라고 불리는 26개의 주가 연방을 이룬 국가입니다. 그래서 일반적으로는 '스위스 연방Swiss Confederation'이라고 불리며, 특히 영세 중립국으로 잘 알려져 있습니다.

그런데 사실 '스위스 연방'의 정식 명칭은 '헬베티카 동맹Confederation Helvetica'입니다.

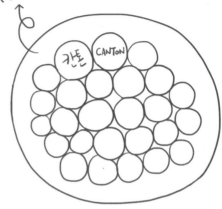

헬베티카는 '헬베티족이 사는 곳'이라는 뜻입니다. 헬베티족에 대한 이야기는 로마의 장군 카이사르Julius Caesar가 쓴 《갈리아 전쟁기》를 통해 알 수 있습니다.

당시 헬베티족은 게르만족을 피해 알프스를 넘어 갈리아 지방으로 넘어오게 됩니다. 그러자 갈리아 지방에 살던 골족Gauls이 카이사르의 로마군에게 헬베티족을 쫓아내달라고 간청합니다. 결국 불쌍한 헬베티족은 로마군에게 밀려 거칠고 추운 알프스 산맥으로 돌아올 수밖에 없었습니다. 이렇게 알프스에 눌러앉은 헬베티족이 나중에 스위스로 발전합니다.

스위스는 유럽의 중심부에 위치하고 있지만, 유럽연합European Union에는 가입되어 있지 않은 독특한 나라입니다. 어느 편에도 서지 않는 진짜 중립을 추구하고 있지요.

스위스는 지중해와 동서 유럽을 잇는 길목에 위치하고 있기 때문에, 옛날부터 유럽의 강대국들은 스위스를 손에 넣으려고 호시탐탐 기회를 노렸습니다.

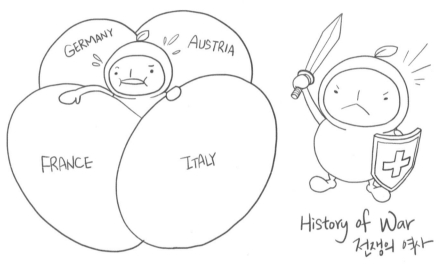

History of War
전쟁의 역사

　그러다 보니 스위스는 자신을 둘러싼 여러 나라들과 봉건 영주, 황제, 교황의 간섭에서 벗어나기 위해 끊임없이 전쟁을 치러야 했습니다. 특히 합스부르크 가문은 스위스에게 철천의 원수였습니다. 본래 스위스 지역의 작은 영주로 시작했던 합스부르크 가문은 12세기 이후 점차 세력을 확장해 나갔고, 스위스를 지배하기 위해 끊임없이 괴롭힙니다.

실러Friedrich Schiller의 희곡으로 우리에게 잘 알려진《빌헬름 텔 Wilhelem Tell》이야기는 합스부르크 가문의 폭정에 신음하던 스위스가 배경입니다. 영주의 부당한 명령 때문에 아들의 머리 위에 놓인 사과를 향해 석궁을 쏘아야 했던 인물이 빌헬름 텔입니다. 간혹 영국의 명사수 로빈 후드Robin Hood와 헷갈리는 경우가 있으니 착각하지 마세요!

★주의: 절대 따라하지 마세요! ★

붉은색 바탕에 흰색 십자가가 새겨진 스위스의 국기가 탄생하게 된 것도 이러한 역사와 무관하지 않습니다.

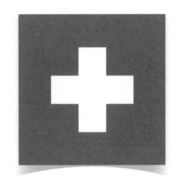

13세기경 신성 로마 제국 황제 프리드리히 2세Friedrich II는 끊임없이 교황과 권력 다툼을 벌였습니다. 이에 따라 전 유럽은 황제파와 교황파 두 파벌로 나뉘어 대립합니다.

독일 지역의 패권을 놓고 황제와 라이벌 관계였던 합스부르크 가문은 당연히 교황의 편에 서서 황제를 공격했습니다. 한편 스위스의 가장 큰 칸톤 중 하나인 슈비츠Schwyz 주는 합스부르크 가문을 견제하고자 황제의 편에 서게 됩니다.

그 대가로 신성 로마 제국 황제 프리드리히 2세는 1240년 슈비츠 지역을 황제의 직할령으로 삼고 자치권을 하사합니다. 이때 슈비츠는 황제를 상징하는 붉은색 깃발을 사용할 수 있는 권리를 받았

습니다. 지금의 스위스 국기의 바탕이 만들어진 것이죠.

하지만 스위스의 비극은 그때부터 시작됩니다. 합스부르크 가문
이 싫어서 신성 로마 제국 편에 붙었는데, 얼마 지나지 않아 그 황제
자리를 합스부르크 가문이 차지하게 되었거든요. 황제만 바라보던
스위스 사람들이 기댈 곳이라고는 아무 데도 없었습니다. 오로지
자신밖에 없는 상황이었습니다.

결국 1291년 슈비츠와 우리Uri, 운터발덴Unterwalden 세 개의 주를
시작으로 스위스의 칸톤들은 영구 동맹을 맺고 지금의 스위스 연방
을 탄생시킵니다. 어떠한 칸톤이라도 외적의 침략을 받으면, 서약
동맹을 맺은 모든 칸톤들이 힘을 합쳐 행동하기로 약속한 것입니다.

이때 동맹을 맺은 칸톤들은 서로를 알아볼 수 있는 표식으로 흰
색 십자가를 사용합니다. 자치를 상징하는 붉은색 바탕에 동맹을
상징하는 흰색 십자가를 넣은 스위스의 국기는 이렇게 탄생했습
니다.

이후 스위스는 프랑스와의 전투에서 패해 정치적으로 예속될 위
기에 처하기도 했고, 제2차 세계 대전 때는 나치 독일에 의해 국토가
포위되고 봉쇄되는 위협도 겪었습니다. 하지만 그때마다 스위스가
스스로를 지켜 내고 중립국으로서의 위치를 굳건하게 유지할 수 있
었던 것은 바로 이 단단한 서약 동맹 덕택이었다고 볼 수 있습니다.

중립국 스위스의 탄생은 스위스 특유의 산업을 만들어 내기도 했습니다. 그 산업은 무엇이었을까요? 현재의 스위스는 세계적인 금융 중심지이자, 다양한 국제기구의 본부가 위치하고 있을 정도로 높은 국제적인 지위를 갖고 있는 나라입니다. 스위스의 1인당 국민소득은 세계 최고 수준이고 행복 지수 역시 최상위권입니다.

WHO, WTO, UNESCO, ILO……

하지만 스위스는 전통적으로 무척 가난한 나라였습니다. 국토의 대부분이 척박한 알프스 산맥에 위치한 데다 바다도 없었으니까요. 무역이나 산업이 발달할 수 없었고 농사조차 짓기 어려운 환경이었습니다.

그래서 발달한 산업이 바로 용병 산업이었습니다. 슬프게도 팔수 있는 것이라곤 젊은이들의 몸뚱이와 생명뿐이었던 것입니다.

강대국들의 틈바구니 속에서 살아남기 위해 노력했던 스위스 사람들은 다양한 무기와 전술을 발달시켜 왔습니다. 덕택에 스위스 용병은 중세 유럽 최고의 용병으로 명성이 자자했습니다.

스위스 용병이 특별히 유명했던 것은 계약에 대한 신의를 목숨보다도 소중히 여겼다는 점입니다. 돈을 받고 고용된 용병임에도 신

스위스 용병은 라이슬로이퍼Reisläufer로 불렸습니다. '전쟁에 나서는 자'라는 뜻입니다. 이들은 유럽 최고의 용병으로 각광받은 용맹한 전사들이었습니다.

의를 중요하게 생각한 이유는 직업의식 때문이었습니다. 살기 위해 신의를 버린다면, 훗날 어떤 영주나 국가도 스위스 용병을 다시 찾지 않을 것이라는 걱정 때문이었죠.

18세기 말 프랑스 혁명 당시, 국왕이었던 루이 16세Louis XVI를 지킨 용병들의 이야기는 신의를 지키기 위해 목숨을 바쳤던 스위스 용병들의 숭고한 정신을 전해주고 있습니다.

매우 좋죠!
☆ 신의

혁명을 피해 궁을 탈출하던 루이 16세는 시민군에게 포위되고 맙니다. 이때 정작 왕을 호위해야 할 근위대는 모두 도망가 버리고, 768명의 스위스 용병들만이 남아 시민군에 맞섰습니다.

루이 16세는 불필요한 희생을 피하려고 스위스 용병들을 불러 이렇게 이야기했다고 합니다.

"여러분과는 상관없는 프랑스의 싸움입니다. 나는 괜찮으니 고향으로 돌아가도 좋습니다."

그러나 스위스 용병들은 이렇게 대답합니다.

"한 번 지킨 신의는 끝까지 지킬 것입니다."

결사적으로 계약을 지키겠다는 다짐이었습니다. 결국 용병들은 대포로 무장한 시민군의 공격에 전원 전사하고 말았습니다.

이 사건을 기리기 위해 만들어진 조각이 바로 스위스 루체른 시에 위치한 '빈사瀕死의 사자상'입니다. 조각상의 사자는 왼쪽 등에서부터 가슴까지 부러진 창에 꽂힌 채 부르봉 왕가의 백합이 새겨진 방패를 지키며 마지막 숨을 몰아 쉬고 있는 애절한 모습입니다.

"HELVETIORUM FIDEI AC VIRTUTI"

↳ To the loyalty and bravery of the Swiss

"스위스인의 충성심과 용기를 기리며"

세월이 흐르고 전쟁의 양상이 바뀌면서 스위스 용병도 전장에서 사라지게 되었습니다. 하지만 스위스 용병의 명성은 여전히 살아 있습니다. 바티칸 시국을 지키는 스위스 근위대는 신의의 대명사이자 유럽 최고의 보병이었던 스위스 용병의 영광을 잇고 있으니까요.

울긋불긋 독특한 옷을 입고 있는 바티칸 시국의 근위대는 1505년 교황 율리우스 2세Julius Ⅱ가 처음 요청한 이후 지금까지도 교황을 수호하는 역할을 톡톡히 해내고 있답니다.

교황을 나타내는 가장 완벽한 상징 **바티칸 시국**

바티칸 시국

바티칸 시국Stato della Città del Vaticano은 교황이 사는 나라입니다. 시국市國: 하나의 도시로 이루어진 국가이라는 말처럼 국토 면적 0.44제곱킬로미터에 인구가 900명이 안 되는 초미니 국가죠. 하지만 가톨릭의 수도로서 세계 곳곳에 미치는 영향력은 무시할 수 없습니다.

이탈리아의 수도 로마 시 내부에 위치한 바티칸 시국은 수많은 관광객들로 연일 붐비는 나라입니다. 성 베드로 성당이나 시스티나 예배당은 물론 라파엘로, 미켈란젤로, 베르니니 등 위대한 예술가들이 창조해 낸 아름다운 작품들은 한 번쯤은 봐야 할 인류의 문화유산입니다.

바티칸 시국

ROME

ITALY

세계에서 가장 작은 국가는 어디일까요? 모나코나 산마리노가 떠오르시나요? 국제사회에서 인정받은 국가 중 가장 작은 나라는 바로 바티칸 시국입니다. 바티칸 시국은 사실 로마 지하철역 하나 길이에 불과할 정도로 작은 나라입니다. 여의도 면적이 2.9제곱킬로미터인데 바티칸 시국은 여의도 면적의 15퍼센트인 0.44제곱킬로미터에 불과한 국가입니다.

인구는 약 900명 정도입니다. 교황과 추기경, 교황청에 봉사하는 사람들이 이곳에 사는 국민들인 셈입니다. 작은 규모지만 군대도 있습니다. 〈스위스〉 편에서 소개한 스위스 근위대가 그들입니다.

지금은 도시라고 부르기도 어려울 정도로 작은 국가에 불과하지만, 중세만 해도 바티칸은 이탈리아 중부를 가로지르는 넓은 영토를 소유하고 있었습니다.

중세 유럽은 가톨릭 문화가 지배하고 있었습니다. 당연히 가톨릭의 수장이었던 교황은 신성 로마 제국

스위스 근위대는 500년이 넘게 교황을 지키고 있습니다.

베네치아 공화국

사르데냐 왕국

제노바 공화국

토스카나 대공국

중세의 교황령

시칠리아 왕국

사르데냐 왕국

의 황제와 함께 유럽을 좌지우지하는 강력한 권력을 가지고 있었습니다.

종교적 권위는 교황이 갖고, 세속적 권력은 황제가 갖는다는 것이 중세 사람들이 가진 인식이었습니다. 하지만 하늘 아래 두 개의 태양이 존재할 수 없다는 말처럼, 교황과 황제는 중세 내내 권력 다툼을 벌였습니다.

특히 교회의 성직자들에게 벼슬자리를 내리는 권한이 누구에게

황제
(세속적 권력의 최고)

교황
(종교적 권위의 최고)

있는지를 놓고 둘은 엄청나게 대립합니다. 교회의 재산, 각종 헌금 등은 엄청난 돈줄이었기 때문에 자신에게 충성하는 사람을 임명하는 게 매우 중요한 일이었으니까요.

'카노사의 굴욕'은 교황과 황제의 다툼 때문에 일어난 사건입니다. 알아두면 상식이 되는 역사니까 조금 살펴볼까요?

11세기 교황 그레고리오 7세Gregorio Ⅶ는 황제 하인리히 4세Heinrich Ⅳ가 가진 주교 임면권을 가져오려고 합니다. 황제는 당연히 반발했

카노사의 굴욕

죠. 그러자 교황은 황제를 '파문破門'해 버립니다. 황제가 더 이상 기독교 세계의 왕이 아니라는 선언을 해 버린 거죠. 종교가 지배하던 중세 시대에 파문은 사형 선고나 마찬가지였습니다. 결국 하인리히 4세는 버티지 못하고 이탈리아 북부의 카노사 성 앞의 눈밭에서 3일간 무릎을 꿇고 빌고 나서야 교황에게 용서를 받았다고 합니다.

그만큼 가톨릭의 영향력은 상상을 초월하는 것이었습니다. 따라서 가톨릭의 수장인 교황 역시 엄청난 힘이 있었습니다. 당연히 교황이 다스리는 이탈리아 반도 내의 교황령 역시 신성하게 여겨졌습니다.

하지만 19세기가 되자 상황이 달라졌습니다. 이탈리아를 하나로 통합해야 한다고 생각하는 민족주의 운동이 퍼졌거든요. 이탈리아는 당시 수많은 도시 국가 혹은 왕국, 공국중세 유럽에서 큰 나라로부터 '공(公)'의 칭호를 받은 군주가 다스리던 나라 들로 분열되어 있었습니다. 베네치아 공국, 나폴리 왕국 등과 같이요. 이렇게 분열된 나라를 통일하자는 운동이 일어납니다.

민족주의 운동을 펼치는 사람들이 보기에 이탈리아 반도 한가운데에 자리 잡은 교황령은 이탈리아 통일에 방해가 될 뿐이었습니다. 게다가 유럽에서 일어난 과학 혁명이나 계몽주의로 인해 종교보다는 이성을 중요하게 여기는 사상이 확산됐죠. 가톨릭의 영향력

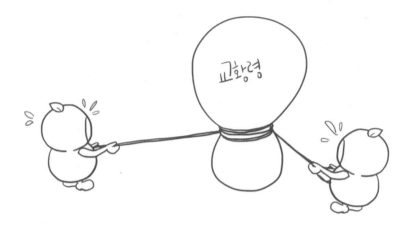

은 급격히 줄어듭니다.

이런 움직임으로 인해 교황령은 이탈리아 내에 설 자리가 좁아지면서 위기를 맞습니다. 계속해서 쪼그라들던 교황령은 결국 1929년 파시스트 독재자였던 베니토 무솔리니Benito Mussolini와 '라테라노 조약'을 맺으면서 지금의 로마 시내 안에 작게나마 영토를 보장받게 됩니다.

그런데 도대체 국기 얘기는 언제 나오냐고요? 이제부터 시작입니다. 지금까지는 바티칸 시국의 영토가 어떻게 확정되었는지를 간단하게 훑어보았는데요. 국기는 대부분의 나라가 그렇듯 국가의 탄생과 연관이 있습니다. 바티칸 시국이라면? 자연스럽게 교황의 탄생과 연관이 있겠죠?

바티칸 시국의 국기는 그 자체가 교황을 상징합니다. 노란색^{황금}색과 흰색^{은색}은 각각 천상과 지상을 의미합니다. 즉, 교황의 권위가 하늘과 땅 모든 곳에 미친다는 뜻입니다.

그렇다면 누가 교황의 권위가 하늘과 땅 모두에 미치도록 허락한 것일까요?《성경》의〈마태복음〉에서 그 답을 찾을 수 있습니다.〈마태복음〉 16장은 예수님이 제자들과 나눈 대화를 기록하고 있습니다.

어느 날 예수님이 제자들에게 묻습니다.

"사람들이 나를 누구라 하느냐?"

그러자 제자들이 대답합니다.

"어떤 사람들은 세례자 요한이라고도 하고, 어떤 사람들은 엘리야나

예레미야 같은 예언자라고 합니다."

예수님이 다시 묻습니다.

"그럼 너희들은 나를 어떻게 생각하느냐?"

그때 베드로가 대답했습니다.

"주님은 그리스도이시며, 살아 계신 하나님의 아들이십니다."

예수님은 베드로에게 말합니다.

"참 네가 복이 있다. 너는 베드로이고, 내가 이 반석 위에 교회를 세우리니 지옥의 문이 이를 이기지 못할 것이다. 그리고 너에게 하늘나라의 열쇠를 줄 것이다. 무엇이든지 네가 땅에서 잠그면 하늘에서도 잠길 것이요, 열면 하늘에서도 열릴 것이다."

예수님의 이야기는 기독교인들에게 많은 영감을 주었습니다. 베드로 위에 교회를 세우겠다는 약속을 통해 기독교인들은 베드로가 기독교의 수장이라는 믿음을 가지게 됩니다.

동시에 베드로는 천국의 문지기가 됩니다. 예수님이 하늘나라로 통하는 문의 열쇠를 베드로에게 맡기셨으니까요.

이러한 이유로 기독교와 교

베드로

회의 수장을 맡은 교황들은 자신들이 베드로의 후계자라는 사실을 강조했습니다. 열쇠를 교황의 문장으로 삼고 천국으로 가는 문의 문지기임을 자처한 것이죠.

교황을 상징하는 열쇠 문장은 바로 베드로의 열쇠를 뜻합니다. 황금색 열쇠는 하늘의 열쇠, 은색 열쇠는 지상의 열쇠를 상징합니다.

그렇다면 열쇠 위에 삼층으로 놓여있는 관은 무엇일까요?

티아라(Tiara)

군주들의 아버지,
세계의 통치자,
구세주 예수의 대리자

　'티아라Tiara'로 불리는 삼중관은 옛날부터 교황들만이 쓸 수 있는 관이었습니다. 교황은 군주들의 아버지이자, 세계의 통치자, 그리고 예수님의 대리자라는 세 가지의 의미를 담고 있다고 합니다.

거꾸로 매달려 순교한 베드로

베드로가 순교한 곳이 바로 로마입니다. 그래서 로마가 기독교의 중심지가 되었고, 바티칸 시국도 로마에 위치하게 된 것입니다.

베드로는 십자가에 거꾸로 매달려 순교했다고 알려져 있습니다. 베드로는 죽는 순간, 자신은 예수님처럼 똑바로 매달릴 자격이 없으니 거꾸로 매달아 달라고 말했다고 합니다.

이탈리아 산타 마리아 델리 안젤리 데 데이 마르티리 성당에 그려진 '베드로의 십자가형'
© shutterstock

유럽의 회화나 조각에서 십자가에 거꾸로 매달린 사람이 표현되거나, 열쇠를 가진 사람이 등장하면, 그 사람은 여지없이 베드로입니다.

유럽에 있는 박물관에 가서 회화나 조각을 볼 때 거꾸로 매달린 사람이 있나 찾아보는 것도 예술 작품을 즐기는 재미이니 기회가 된다면 한번 찾아보세요.

NETHERLANDS

네덜란드 국기에 오렌지색이 없는 이유 **네덜란드**

네덜란드

서유럽에 위치한 왕국으로 수도는 암스테르담입니다. 왕이
있기는 하지만 스페인처럼 국가 운영의 권한은 총리에게
있는 입헌 군주국이지요. 국토의 총 면적은 약 4만 1,000
제곱킬로미터인데, 국토의 25퍼센트가 해수면보다 낮습니
다. 나라 이름 자체도 '낮은 땅'이라는 뜻이지요.

네덜란드는 성인 평균 신장이 세계에서 가장 큰 나라이기
도 합니다. 남자 평균 신장이 무려 184센티미터이고, 여성
도 171센티미터2015년 통계 기준에 이를 정도로 거인들의 나라
입니다.

스위스 말고도 작지만 강한 나라가 있습니다. 바로 네덜란드입니다. 스위스는 국토의 대부분이 척박한 알프스에 위치한 내륙 국가이지만, 네덜란드는 정반대입니다. 네덜란드가 가진 건 넓은 바다뿐이었습니다.

대항해 시대 때 '무적함대'를 가진 스페인, '해가 지지 않는 나라' 영국이 강력한 해군력을 바탕으로 세계 곳곳에 넓은 제국을 건설한 것은 잘 알려진 사실입니다. 그런데 네덜란드도 스페인이나 영국 못지않게 대항해 시대를 주름잡은 나라였습니다. 네덜란드가 유럽과 아프리카, 아시아 등 전 세계의 해상 무역을 지배한 나라라는 사실은 잘 알려지지 않았지요.

1602년 세계 최초의 주식회사인 동인도회사를 만들어 아시아로 가는 해상 무역을 지배했던 것이 바로 네덜란드입니다. 이러한 경제력을 바탕으로 네덜란드는 암스테르담에 세계 최초의 증권 거래소를 설립하기도 합니다.

네덜란드가 해양 강국으로 발달하게 된 것은 14세기경 북해의 청어잡이 무역을 독점하면서부터였습니다. 이때는 네덜란드뿐 아니라 북대서양과 북해 연안의 나라들이 모두 청어잡이에 뛰어들어 생계를 유지하고 있던 때였습니다. 그러나 네덜란드 사람들은 그들만의 특별한 기술로 경쟁자를 압도합니다.

그 기술이란 바로 특별히 개발된 작은 칼로 청어의 내장을 한 번에 제거하고, 곧바로 소금에 절여 통에 보관하는 새로운 염장법_{식품}을 저장할 때 소금에 절이는 방법의 개발이었습니다.

이 염장법을 사용하면 청어를 1년 넘게 보관할 수 있었습니다. 냉장고가 없던 시절에 그렇게 오래 보관할 수 있었다니, 청어 유통에 일종의 혁명이 일어난 거죠. 이 혁신적인 염장법으로 북해의 상권을 장악한 네덜란드는 점차 무역 범위를 확대해 나가며 일찌감치 유럽 최고의 상업국으로 발돋움합니다.

청어 염장법은 빌렘 벤켈소어Willem Beukelszoon가 개발했다고 합니다.

사실 네덜란드는 14~15세기까지는 하나의 나라가 아니었습니다. 단지 상업에 종사하는 여러 소도시들이 존재했을 뿐입니다. 네덜란드 지역은 독일과 프랑스, 영국을 연결하는 허브로서 언제나 부가 넘쳐나는 지역이었습니다.

상인들이 원하는 것은 간섭 받지 않고 마음껏 장사를 하는 것이었

습니다. 부를 쌓은 상인들은 귀족들에게 막대한 돈을 주고 자치권을 사들였고, 이를 통해 자유롭게 상업을 발전시킬 수 있었습니다.

15세기에 이곳을 영지로 손에 넣은 부르고뉴 공국 역시 이 지역의 중요성을 잘 알고 있었습니다. 부르고뉴의 대공은 도시들과 좋은 관계를 맺으며, 상업에 열심히 종사할 수 있게 보호하고 배려했습니다.

대신 부르고뉴 공국은 이들 도시로부터 막대한 자금을 받아 프랑스 왕국이나 신성 로마 제국을 위협할 정도로 엄청난 부와 권력을 자랑했습니다. 여러모로 남는 장사를 한 셈입니다.

문제는 부르고뉴 공국의 샤를 용담공Charles Ier le Téméraire이 후사를 남기지 못하고 죽으면서 시작됩니다. 부르고뉴 공국은 갈가리 찢겨 프랑스와 합스부르크 가문으로 흡수됩니다.

이때부터 네덜란드 지방은 합스부르크 가문의 통치를 받게 됩니다. 그나마 처음 네덜란드 지방을 통치하게 된 카를 5세Karl V 는 네덜란드의 특별함을 인정해 주는 정책을 펼쳤습니다. 그는 부르고뉴 출신이었기 때문에 이 지역 도시들과의 특별한 관계를 잘 이해하고 있었거든요.

그러나 카를 5세로부터 통치권을 물려받은 그의 아들 펠리페 2세 Felipe II는 네덜란드와 궁합이 맞지 않았습니다. 스페인 태생이라 이 지역의 특별함을 잘 이해하지 못했던 데다가 보수적인 가톨릭 문화 속에서 성장했기 때문입니다.

펠리페 2세는 네덜란드를 억압하기 시작했습니다. 그리고 가톨릭만 믿을 것을 강요했습니다. 네덜란드는 일찌감치 종교 개혁으로 신교를 받아들인 나라였는데도 가톨릭을 강요한 것입니다.

결국 참다 못한 네덜란드는 합스부르크 왕가에 반기를 듭니다. 그들은 오라녀 공 빌럼Willem van Oranje을 지도자로 내세우고 합스부르크 왕가와 무려 80년에 걸친 기나긴 전쟁을 치릅니다. 이것이 바로 네덜란드 독립 전쟁1568~1648입니다.

네덜란드는 종교 개혁 시절 신교인 칼뱅주의를 받아들였습니다. 반면 프랑스에 더 가까운 남쪽 지역은 가톨릭으로 남아 있었지요. 결국 이 종교적 차이로 인해 독립전쟁 이후 가톨릭을 믿는 남부 지역은 벨기에로 분리됩니다.

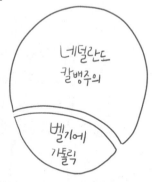

독립 전쟁이 시작되자 전쟁에 참여한 여러 도시들은 전쟁터에서 아군을 알아보기 위한 표식이 필요했습니다. 그래서 사용하게 된 것이 바로 오라녀 공 빌럼의 문장 색깔이었지요.

오라녀Oranje는 영어로 오렌지를 뜻합니다. 빌럼이 속한 오라녀 가문의 이름은 바로 과일 오렌지에서 유래한 것입니다.

오라녀 공 빌럼이 속한 가문의 문장 색깔은 오렌지색과 푸른색이었습니다. 네덜란드는 이 색깔에 하얀색을 엮어서 삼색기를 만들었습니다. 이것이 바로 오늘날까지 사용되는 네덜란드 국기가 탄생한 과정입니다.

80년 동안 휴전과 개전이 연속된 끝에, 네덜란드는 하나의 독립 국가로 탄생했습니다. 그리고 독립 전쟁 때 사용했던 오라녀 공의

삼색기를 네덜란드를 상징하는 국기로 사용합니다.

그런데 뭔가 이상하지 않나요? 현재의 네덜란드 국기에는 오렌지색이 없습니다. 오렌지색이 있어야 할 곳에 붉은색이 들어가 있죠. 네덜란드 사람들이 오라녀 공을 잊어서일까요? 그렇지는 않습니다. 오렌지색 대신 붉은색을 쓰게 된 이유는 염색 기술 때문이었습니다.

네덜란드 국기가 처음 만들어진 16세기에는 염색 기술이 그리 발달하지 못했습니다. 천을 오렌지색으로 물들이는 것은 까다로운 일이었죠. 게다가 기껏 정성스럽게 오렌지색으로 국기를 물들여도 금새 변색됐습니다. 햇볕과 비바람에 시달리면서 오렌지색이 쉽게 바랬던 것이지요. 그래서 사람들은 오렌지색을 붉은색으로 바꾸게 되었답니다.

국기에는 오렌지색이 빠졌지만 오렌지색은 여전히 네덜란드를

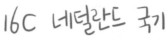

16C 네덜란드 국기

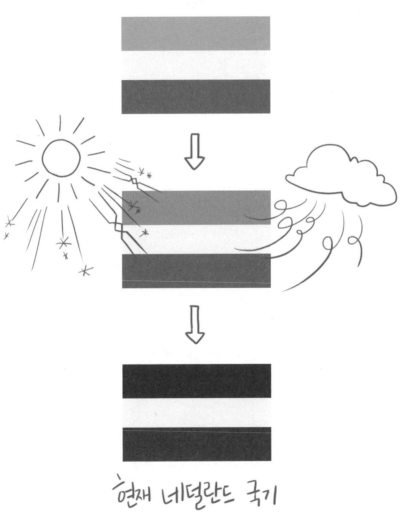

현재 네덜란드 국기

상징하는 색으로 네덜란드인들이 사랑하는 색깔입니다. 네덜란드 축구 대표 팀을 '오렌지 군단'이라고 부르고, 유니폼도 오렌지 빛깔인 이유를 이제 아시겠지요?

'네덜란드'라는 이름의 유래

네덜란드는 이름 자체가 '낮은 땅'이라는 뜻입니다. 국토의 25퍼센트가 해수면보다 낮다고 하는데요. 이 땅은 오랜 기간 동안 간척 사업을 통해 만들어진 것입니다. 이 지역을 옛날부터 저지대 국가라고도 부르는데, 모두 동일한 뜻을 갖고 있습니다.

참고로 손가락으로 제방의 구멍을 막아 마을을 구한 네덜란드 소년 이야기는 미국의 동화 작가가 지어낸 이야기랍니다. 감동받을 만한 아름다운 이야기지만 실화로 믿지는 마시길!

댐

바다

땅

Low Countries, 저지대

Nether + Land = 낮은 땅

낮은 땅

은 銀 의 나 라 **아르헨티나**

아르헨티나

278만 제곱킬로미터나 되는 광대한 땅에 약 4,200만 명의 인구를 갖고 있는 아르헨티나는 남아메리카에서 브라질 다음으로 크고, 세계에서는 여덟 번째로 큰 나라입니다. 대한민국과 비교하면 국토 크기는 무려 28배나 되는데 인구는 더 적은 꼴이죠.

수도는 부에노스아이레스. 정열적이고 매혹적인 춤사위로 유명한 탱고와 인구보다도 많은 수의 소를 기른다는 목축업이 유명합니다. 아르헨티나에서 가장 유명한 스포츠는 역시 축구죠. 축구 사랑은 둘째 가라면 서러워할 게 분명합니다.

이번에는 아메리카 대륙에 있는 나라를 소개해 보겠습니다. 유럽을 벗어나 첫 번째로 소개할 나라는 바로 아르헨티나입니다.

국기에는 나라가 건국될 당시의 이야기가 담겨 있는 경우가 많습니다. 특히 다른 나라의 식민지였던 나라들은 독립의 기쁨과 새로운 국가 건설에 대한 염원 등을 담게 됩니다.

아르헨티나는 오랫동안 스페인의 식민 지배를 겪은 나라입니다. 우여곡절 끝에 독립을 이룬 아르헨티나는 독립과 관련된 이야기를 국기에 담았습니다.

아르헨티나라는 이름은 '은銀'을 뜻하는 라틴어 '아르젠툼 Argentum'에서 왔습니다. 어떠한 이유로 '은'이 나라 이름이 된 것일까요?

Río de la Plata

"은의 강"

그 해답은 아르헨티나의 수도 부에노스아이레스를 흐르는 거대한 강, '리오데라플라타Río de la Plata'에서 찾을 수 있습니다. '리오데라플라타'는 스페인어로 '은의 강'이라는 뜻입니다. '은의 강'으로 불리게 된 데에는 다소 얄궂은 이야기가 숨어 있습니다.

스페인과 포르투갈에서 대서양을 건너 아메리카에 식민지를 건설한 정복자들은 끊임없이 탐험을 계속했습니다. 더 많은 농작물을 키

울 수 있는 땅, 유럽에 팔 수 있는 금은보화 등을 찾기 위해서였죠.

그러던 중 유럽의 탐험가 한 무리가 남아메리카 대륙 동쪽에 어마어마하게 커다란 강의 어귀를 발견합니다. 그들은 이 강이 남아메리카를 가로질러 대서양과 태평양을 잇는 물길이 될 것이라 믿었습니다.

강을 거슬러 올라가던 탐험가들은 원주민들이 은으로 만들어진 목걸이, 팔찌 등으로 온몸을 장식하고 있는 것을 발견합니다. 탐험가들은 혹시나 해서 유럽에서 가져온 물건들을 내밉니다. 그러자 천진난만한 원주민들이 은붙이들과 바꿔 줍니다. 탐험가들은 가슴

볼리비아의 포토시 시는 세로 데 포토시Cerro de Potosi 산 아래에 위치해 있습니다. 이 포토시 산에서는 세로 리코Cerro Rico. 부유한 산로 불릴 정도로 어마어마한 은이 나왔습니다.

이 뛰기 시작했습니다. '은붙이를 이렇게 아무렇지도 않게 주다니, 근처에 거대한 은광이 있는 게 틀림없어!'

탐험가들이 착각할 만한 것이 당시에는 아메리카 곳곳에서 금광과 은광이 발견되던 시기였거든요. 특히 지금의 볼리비아에 위치한 포토시Potosí는 산 자체가 은으로 만들어졌다는 말이 있었을

포토시 광산에서 나는 은의 양이 얼마나 많았는지 유럽인들은 포토시 산 전체가 은으로 만들어졌다고 해도 믿을 정도였습니다. 유럽에서는 '포토시'라는 단어 자체가 '부유함'을 의미했다고 합니다. 미겔 데 세르반테스의 《돈키호테》에도 그러한 표현이 등장하지요.

만큼 엄청난 양의 은을 쏟아 내고 있었습니다.

어딘가에 은이 있다는 기대감에 부푼 유럽 탐험가들은 자신들이 발견한 이 강에 '은의 강'이라는 이름을 붙였습니다. 그리고 이 강이 지나가는 부에노스아이레스를 중심으로 발전한 아르헨티나 역시 '은'에서 이름을 따오게 됩니다.

하지만 안타깝게도 라플라타 강 유역에서 은광은 발견되지 않았습니다. 그래서였는지 스페인은 이 지역의 식민지 개발을 늦게 시작했습니다. 스페인은 커다란 식민지에 왕의 대리인인 부왕^{副王,} viceroy이 통치를 대신하는 부왕령을 만들어 다스렸는데, 이 지역에

는 다른 부왕령보다 거의 200년이나 늦은 1776년에 부왕령이 설치됩니다. 강 이름을 따서 '리오데라플 라타 부왕령'이라는 이름 을 붙였습니다.

하지만 곧 라플라타 강 주변에는 많은 유럽 사람 들이 정착하기 시작했습니 다. 라플라타 강 유역은 대

서양 건너 본국과 더 쉽고 빠르게 오갈 수 있는 항구였고, 마침 북아메리카의 영국령 식민지들이 발전하면서 그들과의 거래도 활발해졌거든요.

'은의 강' 주변에 정착한 유럽 사람들은 은을 찾지는 못했지만 새로운 가능성을 찾아냅니다. 그것은 바로 소였습니다.

리오데라플라타 부왕령에는 끝을 알 수 없을 정도로 광활하게 펼쳐진 팜파스 목초지가 있었습니다. 팜파스는 원주민들 말로 '초원'이라는 뜻이죠. 유럽 사람들은 이 목초지에서 수많은 소를 키울 수

있었습니다. 이렇게 사육한
소를 도축해서 염장한 고기
와 가죽이 주된 수입원이 되
었습니다. 유럽과 북아메리
카 지역에서는 팜파스에서

나온 쇠고기와 가죽들에 대한 수요가 넘쳐났죠.

　19세기 초 영국은 이 지역의 가치를 알아차리고 호시탐탐 기회를
엿보고 있었습니다. 이때 마침 스페인은 본국의 정치 문제 때문에
부왕령에 신경을 쓰지 못하게 됩니다. 영국은 이 틈을 노려 부에노
스아이레스를 침공합니다.

그런데 이럴 때 책임지라고 보낸 부왕은 전쟁을 피해 도망가 버립니다. 본국 스페인의 도움을 기대할 수 없었던 부에노스아이레스의 시민들은 직접 민병대를 꾸려 영국인들의 침공에 맞섰고, 혈투 끝에 그들을 몰아내는 데 성공합니다.

영국을 몰아낸 부에노스아이레스 시민들은 더 이상 본국 스페인을 믿지 못하게 되었습니다. 결국 둘 사이의 거리는 점차 멀어집니다.

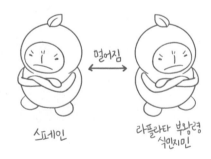

결국 부에노스아이레스 시민들은 부왕령의 통치를 받던 식민주들과 힘을 합쳐 리오데라플라타 연합주를 결성하고, 해방군을 조직했습니다.

이것이 바로 1810년 5월에 시작된 아르헨티나의 독립 혁명입니다. 위대한 독립 영웅 호세 산마르틴José de San Martín 장군의 지휘하에 해방군은 똘똘 뭉쳐 독립 전쟁을 시작한 것입니다.

코케이드
(Cockade)

→민병대

해방군은 전쟁터에서 서로를 알아보기 위한 표식이 필요했습니다. 그래서 하늘색과 흰색으로 이루어진 코케이드^{원래 계급·소속 정당} _{등을 나타내기 위해 모자에 다는 표시}와 깃발을 자신들의 상징으로 삼기로 합니다. 국기는 전쟁에서 아군을 알아보기 위한 표식으로 시작되는 경우가 많습니다.

그런데 해방군은 왜 하늘색과 흰색을 사용했을까요? 여기에 대해서는 몇 가지 설이 있습니다.

어떤 이들은 흰색이 은색을 나타내는 것이라며, '은의 강'인 라플라타 강을 상징한다고 합니다. 여기에 바다를 나타내는 하늘색이 합쳐지면, 하늘색 바다와 흰색 강이 만나는 부에노스아이레스를 상징한다는 것입니다.

리오데라플라타 강 상징

안데스 산맥의 푸른 산과 빙설 상징

어떤 이들은 남아메리카 대륙의 척추인 안데스 산맥의 푸른 산과 빙설을 나타내는 색깔이라고도 합니다.

진실은 알 수 없지만, 둘 다 그럴듯한 이야기입니다. 아무튼 해방 군은 마침내 스페인을 몰아내는 데 성공합니다. 그리고 한때 스페인 부왕에게 통치를 받던 식민주들은 부에노스아이레스를 수도로 삼고 독립 국가를 건설합니다. 아르헨티나는 이런 우여곡절 끝에 탄생했습니다.

해방군을 이끌었던 장군 중 한 사람인 마누엘 벨그라노Manuel Belgrano는 새로운 나라에 걸맞은 국기는 독립을 위해 피를 흘

아르헨티나 정식 국기로 채택 ←

마누엘 벨그라노 장군

렸던 해방군을 상징해야 한다고 믿었습니다. 그래서 탄생한 것이 하늘색과 흰색으로 이루어진 아르헨티나 국기입니다.

그리고 그 깃발에는 환하게 웃고 있는 태양을 추가했습니다. 아르헨티나 사람들은 왜 국기에 웃는 태양을 넣었을까요? 전해 오는 이야기에 따르면, 1810년 5월 아르헨티나가 독립을 선언하던 순간 구름이 가득했던 하늘이 갑자기 걷히

면서 밝은 태양이 솟았다고 합니다. 유럽 사람들이 오기 전 남아메리카를 지배했던 잉카 제국에서는 태양을 최고신으로 숭배했습니다. 따라서 독립을 선포하는 순간 태양이 솟았다는 것은 신이 아르헨티나의 독립을 축복했다는 의미로 해석할 수 있었던 겁니다.

아르헨티나 국기와 우루과이 국기는 쌍둥이?

아르헨티나 국기

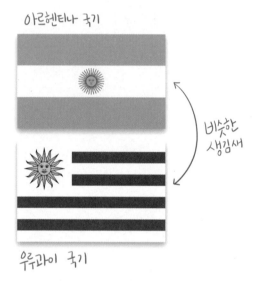

비슷한
생김새

우루과이 국기

아르헨티나 국기와 우루과이 국기는 비슷한 점이 많습니다. 둘 다 태양이 그려져

있고 파란색과 하얀색 계열의 색을 사용합니다. 우루과이 국기의 색이 조금 더 파

랗다는 것 정도가 다르지요. 그 이유는 아르헨티나와 우루과이가 독립할 때 함께

힘을 모았기 때문입니다.

아르헨티나의 수도인 부에노스아이레스와 우루과이의 수도 몬테비데오는 리오

데라플라타 강을 두고 마주 보고 있을 정도로 가깝습니다. 이 두 도시를 중심으

스페인으로부터의 독립

아르헨티나   우루과이

로 영국의 침략을 막아내기도 했고, 스페인으로부터 독립하던 시기에도 함께 힘

을 모았지요. 그래서 아르헨티나와 우루과이는 하늘의 푸른색과 '5월의 태양'을

국가의 상징으로 삼고 있는 것입니다.

형제처럼 가까운 나라 아르헨티나와 우루과이. 물론 축구 경기를 할 때는 형제

고 뭐고 없습니다.

'다 윗 의 별 '을 새 기 다   **이스라엘**

이스라엘

약 2만 제곱킬로미터의 국토 면적에 인구는 800만 명 정도인 작은 나라입니다. 땅도 척박하고 천연자원도 부족하지만, 수준 높은 과학 기술과 IT 산업으로 높은 경제 성장을 이룬 나라입니다. 1인당 GDP는 5만 2,000달러 수준2021년 기준입니다. 수도는 예루살렘이지만 정치적 불안정 때문에 텔아비브가 실질적인 수도 역할을 하고 있습니다. 예루살렘은 지금으로부터 약 3000년 전에 건설된 매우 오랜 역사를 자랑하는 도시로 기독교, 이슬람교, 유대교 3개 종교의 성지이기도 합니다.

악마나 귀신이 나오는 영화 혹은 만화를 보면 자주 등장하는 문장이 있습니다. 두 개의 삼각형이 서로 마주본 채 포개어 있는 별 모양의 형상이 바로 그것이지요. 아마도 영화나 만화 속 주인공들은 악마나 귀신을 쫓기 위해, 혹은 천사를 소환하기 위해 바닥이나 벽에 이 문양을 그렸을 것입니다.

이 문양은 '다윗의 별'이라고 불립니다. 다윗 왕이 전투에 나갈 때 사용했던 방패에 이 문양이 그려져 있었기 때문에 붙은 이름이라고 합니다.

→ 다윗 왕

= 다윗의 별,
솔로몬의 인장

이 문양은 '솔로몬의 인장Solomon's seal'이라고 부르기도 합니다. 고대 유대교의 지혜를 담은 책인《탈무드》에 다윗의 아들 솔로몬 왕이 이 문양을 가지고 천사를 소환하고 악마를 물리쳤다는 내용이 기록되어 있기도 합니다.

세계의 비밀

→ 고대 사람

고대 사람들은 이 문양이 세계의 비밀을 담고 있다고 생각했습니다. 뜨거운 것과 차가운 것, 남자와 여자, 낮과 밤 등 고대 사람들이 생각하기에 세상은 반대되는 것들이 서로 균형을 이루는 상태였던 것이지요.

그렇기 때문이 이 삼각형이 서로 모여 이루게 되는 공간에는 무언가 알 수 없

는 마력魔力이 흐른다고 생각했습니다. 악마를 쫓거나 천사를 소환하는 힘이 나온다고 생각했던 이유가 있었던 것이지요.

다윗 왕 역시 악마나 불운을 물리치고 행운을 가져오라는 의미에서 방패에 이 문양을 새겼을 것입니다.

다윗 왕과 솔로몬 왕이 사용했던 이 문양은 오랜 옛날부터 유대인들이 유대교의 상징으로 삼고 소중하게 간직해 왔습니다.

하지만 '다윗의 별'에 흐르는 마법의 힘도 이스라엘을 지켜 주지는 못했습니다. 현명한 왕 솔로몬이 죽고 나자 이스라엘은 왕위 계승 문제로 남북으로 쪼개집니다. 이렇게 국력을 낭비한 이스라엘은 결국 나라를 잃고 바빌론의 지배를 받는 신세가 됩니다.

유대인들에게는 뼈아픈 일이었습니다. 유대인들은 이후 페르시아, 그리스, 로마 제국을 지나 오스만 제국까지 수천 년 동안 나라 없이 떠돌아야 했습니다. 유대인들은 유럽 곳곳으로 퍼져 나가서 더부살이를 시작하게 됐습니다.

유럽 사람들은 이런 유대인들을 멸시했습니다. 특히 유대인들은 숫자 계산에 밝아서 금융업에 많이 종사했는데, 이 때문에 고리대금업자라는 오명을 쓰기도 했습니다.

사람들을 더욱 눈꼴시게 만든 것은 유대인들의 '선민의식'이었습니다. 자기 나라도 없는 주제에 자신들이 신에게 선택받은 존재라고 하니 미움을 사게 됐죠. 하지만 유럽에서 유대인들에 대한 이미지가 나쁘다고 해서 함께 사는 데 문제가 있었던 것은 아닙니다. 대부분의 유대인들은 평화를 지향했으니까요.

그러나 20세기 초 극단적인 민족주의자 히틀러Adolf Hitler가 등장하면서 유대인들의 비극이 시작됐습니다. 나치당의 총수 히틀러는 유럽에서 유대인을 내쫓으려고 했고, 아예 유대인 전체를 말살시키

히틀러 ←

→ 유대인

→ 유대인

고자 했습니다. 이때부터 유대인들의 소중한 상징물인 '다윗의 별'
은 전혀 다른 의미를 갖게 됩니다. 히틀러는 유대인을 어디서나 쉽
게 구분할 수 있도록 가슴에 노란색 '다윗의 별' 마크를 달고 다니라
고 명령했습니다. 독일에 살던 유대인들은 나치당에 의해 강제적으

수용소에 갇힌
유대인들

로 '다윗의 별'을 달 수밖에 없었습니다. 수치스러운 일이었지요.

제2차 세계 대전이 일어나자 유대인들은 끔찍한 비극을 겪었습니다. 나치 독일은 유대인들을 수용소로 끌고 가서 죽도록 노동을 시킨 후 모두 잔인하게 살해했습니다. 비단 독일뿐만 아니라 나치 독일이 점령한 유럽의 모든 지역에 사는 유대인들이 목표가 됐습니다.

수없이 많은 유대인들이 아무런 죄도 없이, 단지 유대인이라는 이유만으로 노란색 '다윗의 별'을 달고 수용소에서 삶을 마감하고 말았습니다. 인류 역사상 가장 끔찍한 비극 중 하나로 역사에 기록

된 일입니다.

히틀러와 나치에 의해 자행된 이 학살을 '홀로코스트Holocaust'라고 부릅니다. 그리스어로 '완전히 불태움'을 의미하는 말입니다. 이때 죽은 유대인의 숫자는 아직도 정확히 알려지지 않았습니다. 혹자는 300만 명, 더 많게는 600만 명에 이른다고 할 정도로 엄청난 희생이 있었습니다.

제2차 세계 대전이 끝나고, 살아남은 유대인들은 아라비아반도에 위치한 예루살렘 주변에 지금의 이스라엘을 건국합니다. 유대인들은 솔로몬이 죽고 난 이후 무려 2800여 년이 지난 다음에야 자신들의 나라를 다시 세울 수 있었던 것이지요.

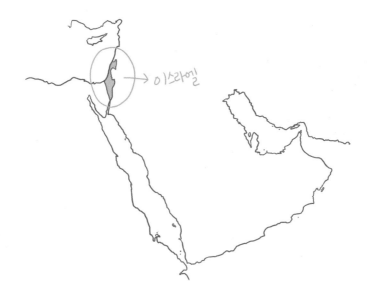

나라를 잃은 후 유대인들은 수천 년간 새 국가를 세우겠다는 민족주의 운동을 펼쳐 왔습니다. 그 사상을 '시오니즘Zionism'이라고 합니다. 본래 시온이란 예루살렘의 작은 언덕입니다. 유대인들은 그 시온으로 다시 돌아가겠다는 희망을 그 오랜 세월 동안 버리지 않았던 것입니다.

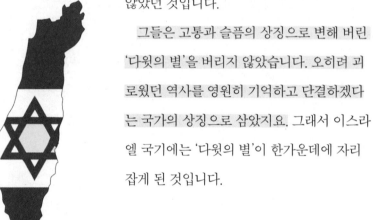

그들은 고통과 슬픔의 상징으로 변해 버린 '다윗의 별'을 버리지 않았습니다. 오히려 괴로웠던 역사를 영원히 기억하고 단결하겠다는 국가의 상징으로 삼았지요. 그래서 이스라엘 국기에는 '다윗의 별'이 한가운데에 자리 잡게 된 것입니다.

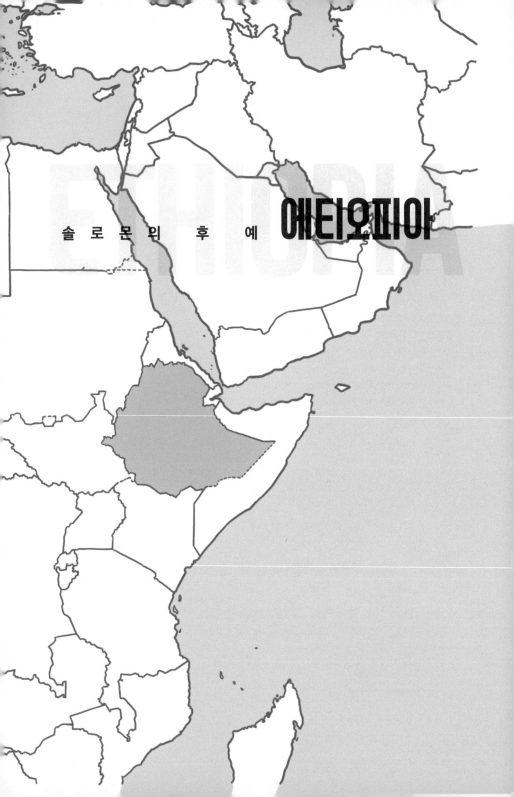

솔 로 몬 의 후 예 **에티오피아**

에티오피아

에티오피아의 국토는 대부분 해발 1,000미터 이상의 고산
지대에 있습니다. 그래서 우리가 일반적으로 생각하는 아프
리카와는 다르게 날씨가 서늘한 편입니다.

수도는 아디스아바바. 국토 면적은 110만 제곱킬로미터이
고 인구는 약 9,900만 명으로 나이지리아와 함께 아프리카
에서 큰 나라 중 하나입니다.

에티오피아에서 가장 유명한 것은 커피입니다. 특히 아비시
니아 고원에서 재배한 커피 원두는 세계 최고의 품질로 평
가받고 있답니다.

에티오피아는 익숙하면서도 낯선 이름입니다. 초콜릿이나 커피의 산지로 한 번쯤은 듣게 되는 곳이죠. 하지만 혹시 에티오피아가 아프리카 어디에 있는지 아시나요?

아마도 모르는 분들이 많을 겁니다. 하지만 이 멀고도 낯선 나라에는 꽤 재미있는 이야기가 있답니다. 그럼 먼저 에티오피아의 위치부터 확인해 보면서 숨겨진 이야기를 찾아보도록 합시다.

아프리카 대륙과 아라비아반도 사이에는 가늘고 긴 바다가 있습니다. 이 바다의 이름은 홍해입니다. 모세가 하나님의 힘을 빌어 바다를 갈랐다는 그곳이죠.

이 홍해가 시작되는 곳에 바로 에티오피아가 위치해 있습니다. 에티오피아는 홍해를 사이에 두고 아라비아반도의 예멘이라는 나라를 마주보고 있습니다. 지리적으로 가까웠던 만큼, 아주 먼 옛날

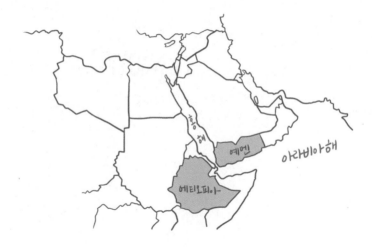

에는 이 두 지역이 하나의 왕국이었다고 합니다. '시바'라는 이름의 왕국이었지요.

시바 왕국Sheba Kingdom은 고대 이집트에 맞먹을 정도로 부유한 왕국이었습니다. 홍해와 아라비아해를 잇는 이 지역은 옛날부터 해상 무역의 중심지였거든요.

기원전 1000년경 시바 왕국은 지혜로운 여왕이 다스리고 있었다고 합니다. 이 여왕은 바다 건너 아라비아반도 지역에 있는 왕국의 땅을 안정적으로 다스리기 위해 주변 국가와 외교 관계를 맺으려고 했지요.

당시 아라비아반도에 위치한 시바 왕국의 북쪽에는 이스라엘 왕국이 있었습니다. 이스라엘의 왕은 지혜로운 왕으로 소문난 솔로몬이었습니다.

시바 여왕은 이스라엘과 외교 관계를 맺기 위해 직접 이스라엘로 여행을 떠났습니다. 마침내 이스라엘에 도착한 시바 여왕은 이스라엘 왕국의 평화롭고 부유한 모습에 감탄합니다. 무엇보다도 시바 여왕은 왕국을 현명하게 다스리고 있는 솔로몬 왕에게 강한 인상을 받게 됩니다.

시바 여왕은 솔로몬이 정말 지혜로운 왕인지 시험해 보기로 했습니다. 여왕은 솔로몬에게 복잡하게 구멍이 뚫려 있는 돌 하나를 주며 이렇게 얘기했습니다.

"솔로몬 왕이시여, 이 구멍에 실을 꿸 수 있겠습니까?

솔로몬은 잠시 생각하더니, 시종을 불러 꿀과 누에 한 마리를 가져오라고 합니다. 시종이 누에를 가져오자 솔로몬은 누에에 실을 묶고 돌 위에 올려놓았습니다. 그러고는 돌의 반대편 구멍에 꿀을 발랐습니다. 누에는 꿀을 먹기 위해 한쪽 구멍으로 들어가 반대편 구멍으로 나왔습니다. 솔로몬이 매우 간단하게 문제를 풀자 시바 여왕은 왕의 지혜에 감탄합니다.

"여왕님, 제가 여왕님의 수수께끼를 풀었으니, 이번에는 저와 한 가지 게임을 하시지요?"

시바 여왕은 고개를 끄덕였습니다.

솔로몬 왕은 다시 말을 이어 갑니다.

"우리 왕궁에 머무시는 동안 모든 음식은 다 제 허락이 있어야만 드실 수 있습니다. 아셨죠? 이것을 지키지 않는다면, 그때는 제가 원하는 소원을 하나 들어주시는 겁니다."

시바 여왕이 답했습니다.

"네 그러지요. 약속합니다."

솔로몬 왕은 몰래 시종을 불렀습니다. 그러곤 귀엣말로 이렇게 명령을 내렸습니다.

"시바 여왕이 먹는 모든 음식을 짜게 만들어라."

밤이 되자 짠 음식을 많이 먹었던 시바 여왕은 목이 말라서 잠을 이룰 수가 없었습니다. 여왕은 시종을 찾았습니다.

"여봐라, 거기 누구 없느냐? 목이 마르니 물을 좀 다오."

"예, 여왕님. 여기 물을 가져왔습니다."

목이 몹시 말랐던 시바 여왕은
시종이 주는 물을 마셔 버립니다.

"딱 걸렸습니다. 여왕님. 제 허락
없이 물을 드셨지요?"

시바 여왕은 깜짝 놀랐습니다.
물을 가져다 준 사람은 시종이 아
니라 솔로몬 왕이었거든요.

"그럼 약속대로 소원을 들어주
셔야겠습니다."

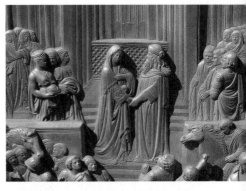

로렌초 기베르티는 피렌체의 성조반니 세례당 동쪽 문을 만
들었습니다. '천국의 문'이라 불리는 이 문에 새겨진 조각 중
에는 솔로몬 왕과 시바 여왕의 결혼식도 담겨 있습니다.
© shutterstock

"네, 약속이니 그렇게 하겠습니다. 소원이 무엇인지요?"

"저와 결혼해 주십시오."

그렇게 솔로몬 왕과 시바 여왕은 결혼을 하게 되었고, 한 달 동안
이스라엘 왕국에서 행복한 시간을 보냈습니다. 시바 여왕의 뱃속에
는 두 사람의 아기가 생겨났지요.

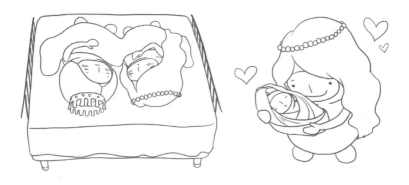

하지만 시바 여왕은 보살펴야 할 왕국이 있었습니다. 솔로몬 왕은 만류했지만, 고국을 사랑하는 여왕의 마음을 꺾을 수는 없었습니다. 솔로몬 왕은 여왕에게 아이가 태어나 자라면 이스라엘 왕국으로 보내달라고 부탁하면서, 거울을 반쪽으로 쪼개 한쪽 파편을 여왕에게 주었습니다.

고국으로 돌아온 시바 여왕은 건강한 아들을 낳았습니다. 그리고 아들은 다시 홍해를 건너 솔로몬을 찾아옵니다. 솔로몬 왕은 아들을 극진히 아끼며 다른 자녀들과 함께 이스라엘 궁정에서 키웠다고 합니다. 나중에 아들이 장성하여 다시 시바 왕국으로 돌아갈 때, 솔로몬 왕은 모세의 〈십계명〉을 선물로 주었다고 합니다. 그래서 에티오피아에는 일찌감치 유대교가 전해졌다고 합니다. 현재도 에티

오피아에 유대교 신자가 많은 이유입니다.

시바 왕국으로 간 솔로몬 왕의 아들이 바로 메넬리크 1세Menelik I입니다. 왕이 된 메넬리크는 왕국의 이름을 악숨 왕국Kingdom of Aksum으로 바꾸고 더 거대하고 부유한 왕국으로 발전시켰다고 합니다.

에티오피아 사람들은 메넬리크 1세를 에티오피아의 기원으로 삼고 있습니다. 즉 에티오피아 사람들은 지혜로운 솔로몬 왕의 후손인 것이지요.

에티오피아의 국기 한가운데에 자리 잡은 별은 바로 솔로몬의 별입니다. 다윗의 방패에 그려져 있었다고 하여 '다윗의 별'이라고도

불리는 이 별은 유대교의 상징이기도 합니다. 이 별을 통해 에티오피아는 자신들의 조상이 현명한 왕 솔로몬이라는 자부심을 드러냅니다.

에티오피아 국기의 바탕색을 이루는 초록과 노랑, 빨강색은 고대 에티오피아 왕국부터 사용되었던 전통의 색이라고 합니다.

그런데 이 색은 에티오피아뿐만 아니라 아프리카의 다른 나라들도 많이 사용하고 있지요. 그 이유는 아프리카의 슬픈 역사 속에서 찾아볼 수 있습니다.

아프리카는 오랜 기간 유럽의 식민 지배를 받았습니다. 수많은 아

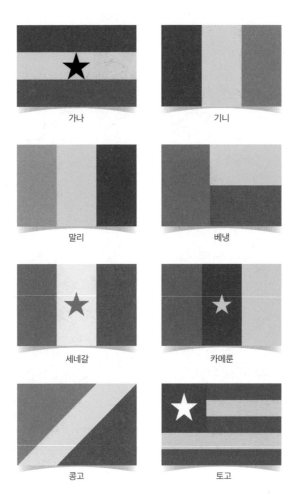

가나

기니

말리

베냉

세네갈

카메룬

콩고

토고

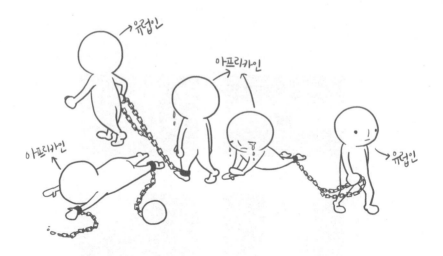

프리카 사람들이 노예가 되어 유럽이나 미국으로 팔려 나갔고, 땅은
유럽 여러 나라들에 의해 갈기갈기 찢어져 식민지가 되었지요.

아프리카의 지도를 보면 국경이 이상하게 모두 직선으로 되어 있
는 걸 알 수 있습니다. 유럽인
들은 아프리카의 지리, 문화,
민족 등을 고려하지 않고 마
치 자를 대고 선을 긋듯이 아
프리카 대륙을 구획해 식민지
로 삼았거든요.

그런데 주변 나라들이 모
두 유럽 제국의 식민지가 됐

을 때에도 에티오피아만큼은 독립
국의 지위를 지킬 수 있었습니다.
이탈리아가 잠시 수도를 점령했을
때를 제외하고는 말이지요. 이러한
이유로 에티오피아는 아프리카에서
독립의 상징이 됩니다.

　20세기가 되어 유럽으로부터 독
립한 수많은 아프리카 국가들은 에
티오피아 국기의 삼색을 사용하게 됩니다. 한 번도 실질적인 식민
지 지배를 겪지 않았던 에티오피아로부터 영감을 받았던 것입니다.

　이런 이유로 에티오피아 사람들은 자부심이 무척 강하다고 합니
다. 솔로몬 왕의 후예이면서 한 번도 주권을 빼앗기지 않은 나라니
까요.

　에티오피아 사람들의 자부심은 자신들의 신화에서도 드러납니
다. 에티오피아 신화에 따르면, 신은 태초에 흙으로 인간의 모습을
빚었다고 합니다. 그러고는 마치 그릇을 만들 듯이 흙으로 빚은 인
간을 가마에 넣고 구웠습니다. 이때 너무 구워서 까맣게 타버린 사
람은 피부가 완전히 검은 흑인이라고 합니다. 반대로 너무 덜 구워
서 하얗게 된 사람은 백인이죠.

흑인   에티오피아인   백인

에티오피아 사람들은 자신들이야말로 신의 걸작이라고 생각합니다. 너무 태우지도 않고 설익지도 않은 자신들의 커피색 피부가 신이 빚어낸 최고의 작품이라는 의미이지요. 자신들의 피부색까지 최고로 여기고 소중하게 여기는 에티오피아 사람들의 자부심, 인정하지 않을 수 없습니다.

유 니 언 잭 의 비 밀 **영국**

영국

영국꽃鄕의 정식 명칭은 그레이트 브리튼 및 북아일랜드 연합 왕국United Kingdom of Great Britain and Northern Ireland입니다. 잉글랜드와 스코틀랜드, 웨일스, 북아일랜드가 영국을 이루고 있지요. 수도는 런던이고, 입헌 군주제를 채택하고 있습니다. 프랑스, 독일과 함께 명실상부한 유럽 3대 강국 중에 하나이며, 한때 '해가 지지 않는 나라'라고 불릴 정도로 드넓은 식민지를 소유하기도 했지요. 산업 혁명이 가장 먼저 시작된 나라이고, 미국과 함께 제2차 세계 대전을 승리로 이끌기도 했습니다. 지금은 과거만큼 강한 영향력을 가지고 있지는 않지만, 여전히 영국은 세계를 이끌어 나가는 국가 가운데 하나입니다.

유럽의 대표적인 섬나라, 신사의 나라.
빅벤과 국회의사당, 이층 버스로 유명한
나라. 이 나라를 우리는 영국, 혹은 대영
제국이라고 부릅니다.

그런데 우리는 왜 영국이라는 이름을 쓰
고 있을까요? 사실 영국은 '잉글랜드'를
가리키는 말에서 따왔습니다.

옛날 중국에서는 잉글랜드를 한자로 '영길리英吉利'라 쓰고 읽었
습니다. 이를 받아들인 한국은 영국英國이라고 부르게 되었던 것이
지요.

잉글랜드 ⇨ 英吉利 ⇨ 영국
(한자해석: 영길리)

하지만 영국은 잉글랜드만을 일컫는 말은 아닙니다. 영국의 공
식적인 명칭은 '그레이트 브리튼 및 북아일랜드 연합 왕국United
Kingdom of Great Britain and Northern Ireland'입니다. 브리튼 섬에 있는 잉글
랜드와 스코틀랜드, 웨일스 그리고 아일랜드섬의 북부가 연합한 나
라가 바로 영국입니다.

　'그레이트 브리튼 및 북아일랜드 연합 왕국'이 사용하고 있는 깃발이 '유니언 잭Union Jack'입니다. 파란 바탕에 희고 붉은 십자가들이 '十'자 형과 'X'자 형으로 겹쳐 있지요.

　한때 이 깃발은 전 세계에서 휘날리고 있었습니다. 왜냐하면 전세계 곳곳에 영국의 식민지가 없는 곳이 없었거든요. 가깝게는 스코틀랜드와 아일랜드섬이 영국에 복속되었고 아프리카는 물론 더동쪽의 인도와 동남아시아까지요. 대서양을 건너 아메리카 대륙까

지도 영국을 상징하는 유니언 잭이 펄럭였을 때가 있었습니다. 그 래서 영국을 '해가 지지 않는 나라'라고도 불렀습니다. 전 세계에 퍼 진 영국의 영토 중 어느 한 곳에는 언제나 해가 떠 있었으니까요.

유니언 잭은 지금 영국을 구성하고 있는 잉글랜드, 스코틀랜드, 북아일랜드를 상징하는 깃발들이 하나로 합쳐진 것입니다.

13세기경 잉글랜드는 웨일스를 통합합니다. 18세기경에는 스코 틀랜드의 왕위 계승이 잉글랜드 왕의 몫으로 돌아가면서 스코틀랜 드와 잉글랜드는 하나의 왕을 섬기는 나라가 되었지요.

이렇게 하나가 된 브리튼 왕국에 아일랜드섬의 북부가 통합되면 서 지금의 영국, 즉 브리튼 섬과 북아일랜드 연합 왕국이 만들어졌 습니다.

지금 영국이 사용하고 있는 국기는 바로 이러한 과정을 잘 보여 주고 있습니다. 영국의 국기를 구성하는 십자가들은 각각 영국에

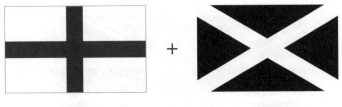

잉글랜드 + 스코틀랜드

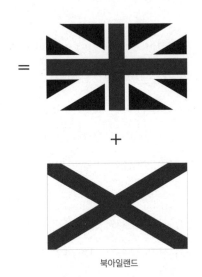

=

+

북아일랜드

=

영국

통합된 나라들을 상징하고 있거든요.

그런데 흥미로운 것은 각각의 구성원들은 모두 각기 다른 색깔과 형태의 십자가를 나라의 상징으로 삼고 있다는 점입니다. 다음 장부터는 이 십자가들이 어떻게 영국을 구성하는 나라들의 상징이 되었는지를 살펴보도록 하겠습니다.

왜 영국 국기를 '유니언 잭'이라고 부를까?

영어로 '잭^{Jack}'이라는 단어는 뱃머리에 다는 선수기^{船首旗}를 뜻합니다. 군함이나 상선 등에는 그 배의 국적을 알아볼 수 있는 깃발을 다는데, 그것이 바로 선수기죠.

약 17세기경부터 항해를 나가는 배에는 선수기를 달았다고 합니다. 그 당시 최고의 해상 강국은 영국이었습니다. 영국은 1588년 스페인의 무적함대를 격파하고 해양 패권을 장악한 최강국이 됩니다.

영국의 국기가 처음으로 만들어진 것도 이 즈음입니다. 바로 뒤에서 설명하겠지만, 잉글랜드나 스코틀랜드의 국기가 아닌, 영국 국기가 처음 등장한 것은 제임스 1세^{James I} 때였습니다. 제임스 1세가 잉글랜드와 스코틀랜드의 왕이 되면서 국기도 통합될 필요가 생겼던 거죠. 그래서 만들어진 게 잉글랜드와 스코틀랜드

국기가 합쳐진 모양의 국기였습니다.

영국은 새롭게 만들어진 이 깃발을 달고 태평양과 대서양을 비롯한 전 세계의 바다를 누비고 다닙니다. 17세기에 바다의 주인은 영국이나 마찬가지였으니까요.

유니언 잭이라는 이름이 나온 것도 이 시기와 관련이 깊습니다. 사실 '잭Jack'은 '제임스James'를 친근하게 부르는 애칭이기도 합니다. 아마도 '유니언 잭'은 잉글랜드와 스코틀랜드 통합 왕국 최초의 왕인 제임스 1세와 통합 왕국을 의미하는 말이 아니었을까 합니다.

이렇게 만들어진 '유니언 잭'을 국가의 표징으로 뱃머리에 꽂고 다니는 것을 보면서 다른 나라들도 선수기를 잭이라고 부르게 됐지요. 'Jack'이라는 단어가 선수기를 의미하게 된 데에는 이런 이야기가 숨어 있습니다.

ENGLAND

'드래곤 슬레이어' 게오르기우스의 십자가 **잉글랜드**

잉글랜드

그레이트 브리튼 섬의 남쪽을 차지하고 있으며, 영국을 이루는 4개의 지방 중 하나입니다. 영국 영토의 반, 그리고 인구의 80퍼센트 이상을 차지하고 있습니다. 영국의 수도 런던도 잉글랜드에 위치해 있기 때문에 사실상 영국 정치 권력의 중심지라고 볼 수 있습니다. 면적은 약 13만 제곱킬로미터, 인구는 5,300만 명 정도로 대한민국과 비슷한 크기와 인구를 가진 나라입니다.

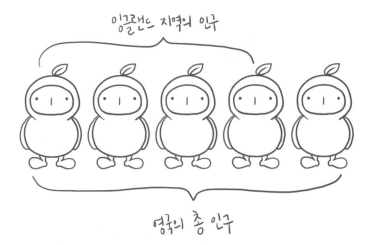

잉글랜드 지역의 인구

영국의 총 인구

잉글랜드는 사실상 영국의 중심입니다. 영국 전체 인구의 5분의 4가 잉글랜드에 있고, 잉글랜드의 수도인 런던은 영국의 수도 역할도 하면서 국제적인 도시가 됐습니다.

영국의 국왕이 사는 버킹엄 궁전, 영국 국회 의사당이 있는 웨스트민스터, 영국 총리 관저인 다우닝가 10번지가 모두 런던에 있습니다.

런던은 산업 혁명과 자본주의의 발생지이기도 합니다. 물론 지금도 세계 경제를 움직이는 중심지 중 하나이죠.

웨일스, 스코틀랜드, 북아일랜드를 통합하여 영국이라는 하나의 나라를 만드는 데 주도적인 역할을 한 잉글랜드는 중세부터 오랫동안 사용해 왔던 상징이 있었는데, 그것은 바로 성聖 게오르기우스 Saint Georgius의 붉은 십자가였습니다. 영어식으로는 세인트 조지Saint George, 이탈리아에서는 산 조르조San Giorgio라고 부르지요. 여기서는 성聖 조지라고 부르겠습니다.

성 조지는 로마 황제 디오클레티아누스Diocletianus의 박해로 순교

'악랄한 용'을 잡는 '드래곤 슬레이어' 성 조지 © shutterstock

한 성인 중 한 사람으로 알려져 있습니다. 성 조지는 가톨릭과 정교회를 믿는 사람들이 기도할 때 가장 많이 찾는 성인 중 한 사람이기도 합니다.

성 조지의 출신에 관해서는 다양한 이야기들이 있습니다. 본래 로마의 군인이었다고도 하고, 왕족이었다고도 합니다.

성 조지는 어떻게 해서 이렇게 기독교 문화권의 수호성인이 될 수 있었을까요? 그 이유에 관해서는 재미있는 영웅담이 전해져 내려옵니다.

옛날에 리비아 근처의 작은 왕국에 용이 나타나서 매일 여자들을 제물로 요구했다고 합니다. 용을 두려워한 왕국의 사람들은 매일 젊은 여자들을 제물로 바칠 수밖에 없었지요. 매일매일 여자를 바치다 보니, 왕국에는 남아 있는 여자가 없어서 결국에는 왕국의 공주가 제물로 바쳐질 차례가 되었습니다.

이 순간 홀연히 나타난 것이 바로 용사 조지였습니다. 백마를 타고 나타난 조지는 용의 굴로 쳐들어가 긴 창으로 용을 제압하고 공주를 구출합니다.

조지는 용을 바로 죽이지 않고 공주의 허리띠로 용을 묶어 왕국으로 데려왔습니다. 동화에나 나올 법한 이 영웅은 자신의 승리가 하나님의 영광 덕택이라고 설파하며, 왕국의 모든 사람들이 기독교로 개종할 것을 요구했다고 합니다. 당연히 왕국을 구한 그의 요구는 받아들여졌지요. 결국 왕국의 모든 사람들이 기독교인이 되자 조지는 큰 칼로 용을 베어 버렸다고 합니다.

성 조지의 전설은 중세 십자군 시기와 관련이 깊다고 생각합니다. 북아프리카에 위치한 리비아는 중세 시기 이슬람교를 믿는 무슬림이 지배하는 땅이었거든요.

아마도 이 전설에서 용은 무슬림을 상징하는 게 아닐까 생각됩니다. 다시 말해 성 조지의 전설은 기독교가 이슬람교를 물리칠 수 있다는 믿음을 바탕으로 만들어 낸 이야기일 수 있다는 의미입니다.

십자군에 참가했던 많은 기사들은 자신의 가슴과 방패에 붉은색 성 조지의 십자가를 새겼습니다. 바로 성 조지의 힘이 자신을 지켜 줄 것이라는 믿음을 가지고서 말입니다.

잉글랜드뿐만 아니라 밀라노, 모스크바와 같은 도시나 국가들도 성 조지를 자신들의 수호성인으로 섬겼습니다. 이들 도시를 상징하

이탈리아 축구 팀 AC 밀란의 엠블럼

모스크바 공국의 문장

는 깃발이나 축구 팀의 문장에는 여전히 성 조지를 상징하는 그림이나 십자가가 새겨져 있어 그 전통을 엿볼 수 있지요.

 이 유서 깊은 십자가를 국가의 상징으로 선점하고 국기에까지 넣은 게 잉글랜드입니다. 기독교의 수호성인 성 조지를 본받아, 스스로가 기독교를 지키는 수호 국가가 되겠다는 의지를 보인 셈입니다.

푸른 하늘에 비친 순교자의 십자가 **스코틀랜드**

스코틀랜드

그레이트 브리튼 섬의 북쪽에 위치해 있으며, 수도는 에든버러입니다. 스코틀랜드라는 이름은 스코트족이 사는 땅이라는 의미입니다. 스코트족은 앵글로색슨족이 브리튼 섬에 정착하기 이전에 그 섬의 주인이었던 켈트족의 일파입니다. 최근 영국에서 분리 독립하려는 움직임도 있었지만, 2014년 국민 투표에서는 부결되었습니다.

스코틀랜드와 잉글랜드가 갈
라진 것은 꽤 오래된 일입니다.
앵글로색슨족과 노르만족이 들
어오기 전 브리튼 섬에는 이미
켈트족이 살고 있었습니다.
　하지만 기원후 43년경부터 시
작된 로마의 침입으로 켈트족은 브리튼 섬의 북쪽과 서쪽으로 도망
가야 했습니다.

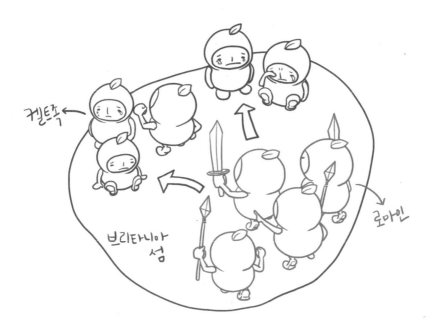

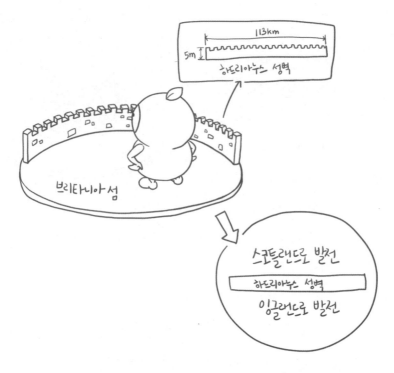

이후 로마인들은 브리튼 섬의 북쪽에 길이 113킬로미터, 높이는 무려 5미터나 되는 높은 성벽을 쌓아 올립니다. 호시탐탐 남쪽을 넘보는 켈트족을 방어하기 위해서였지요. 이 성벽은 축조를 명령한 황제의 이름을 따서 '하드리아누스 성벽'이라고 부릅니다.

하드리아누스 성벽은 영국 역사에 큰 영향을 미칩니다. 이 성벽을 경계로 북쪽은 스코틀랜드, 남쪽은 잉글랜드로 각각 발전하게 되니까요.

이후 두 나라가 하나의 왕 밑에서 브리튼 연합 왕국이 되는 1707

년까지 스코틀랜드는 독립된 왕국이었습니다. 하지만 추운 기후와 국토 대부분이 산지라는 약점 때문에 잉글랜드보다는 상대적으로 국력이 약할 수밖에 없었습니다.

추운 기후 + 국토 대부분이 산지

그래서 스코틀랜드는 항상 프랑스와 좋은 관계를 맺으려고 했습니다. '적의 적은 친구이다'라는 말을 실천한 겁니다. 스코틀랜드나 프랑스는 서로가 서로를 필요로 했는데요. 그 이유는 잉글랜드를 견제하기 위해서였습니다. 중세 시대 스코틀랜드는 가까운 잉글랜드보다 문화적으로나 경제적으로나 프랑스와 더 많은 교류를 합니다.

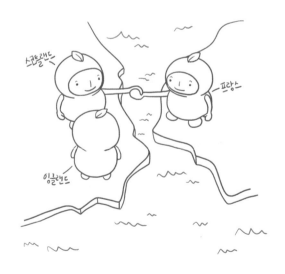

성 안드레아스 (St. Andrew)

성 안드레아스의 십자가

스코틀랜드는 '성 안드레아스 Saint Andreas 의 십자가'라고 불리는 상징을 고유의 깃발로 사용합니다.

성 안드레아스, 혹은 안드레 St.Andrew the Apostle 는 예수의 12제자 중 하나입니다. 우리에게는 베드로의 동생으로 잘 알려져 있습니다. 영어식으로는 세인트 앤드류 Saint Andrew 로 부르죠.

전해지는 이야기에 따르면, 안드레는 예수가 죽은 후 유럽 전역을 다니며 기독교를 전파하다 로마군에게 체포되어 순교했다고 합니다.

안드레는 십자가에 못을 박아 죽이는 형벌을 받았는데, 처형 당시 십자가의 모양을 'X'자로 해달라고 요청했다고 합니다. 'X'자 모양은 그리스어로 그리스도, 즉 '구세주 예수Χριστός'의 첫 글자이기 때문이라는 이야기가 있습니다.

X = Χριστός
(구세주 예수, 그리스어)

물론 이 이야기는 후세에 각색된 이
야기로 보입니다만, 중세 유럽의 화가
들은 안드레를 그릴 때면 언제나 'X'자
형태의 십자가에서 처형되는 모습으로
표현하곤 했습니다.

전설에 따르면 성 안드레의 십자가
가 스코틀랜드의 상징이 된 것은 픽
트족의 위대한 왕이었던 앵거스 2세
Óengus II 때라고 합니다.

이탈리아 바실리카 성당에 그려진 성 안드레아스의
십자가형 ©shutterstock

그는 832년 브리튼 섬으로 이주해 온
앵글족과 전투를 벌이게 되었지요. 스코트족과 연합했지만 앵글족

앵글족　　　　앵거스 2세

은 압도적으로 그 수가 많았다고 합니다.

결전을 앞둔 날 밤 앵거스는 승리를 기원하며 성 안드레의 이름으로 기도를 올렸습니다. 그리고 다짐했습니다. 만약에 전쟁에서 승리하면 안드레아스를 평생 수호성인으로 섬기겠다고요.

다음 날 전투가 벌어졌을 때 앵거스는 깜짝 놀랐습니다. 전장으로 나가는 길에 하늘을 바라봤는데, 푸른 하늘에 떠 있는 구름 떼가 모양을 이리저리 바꾸더니, 갑자기 성 안드레의 상징인 'X'자 모양으로 변하는 겁니다. 용기백배한 앵거스는 앵글족과의 전투에서 승리했고, 스코틀랜드에는 다시 평화가 찾아왔다고 합니다.

그래서 스코틀랜드의 국기는 푸른 하늘에 'X'자 형태의 구름을 그려 넣은 모양이 되었습니다.

믿기 어려운 이야기지만, 앵거스 2세의 전설은 스코틀랜드가 신의 축복을 받았다는 자부심을 표현한 것으로 볼 수 있을 것입니다. 또한 왕의 입장에서는 백성들에게 자신이 신에게 선택받은 왕이라는 믿음을 갖게 하는 데 큰 도움이 되었을 겁니다.

아무튼 하드리아누스 성벽 너머 북쪽의 스코틀랜드 왕국과 남쪽의 잉글랜드 왕국은 오랫동안 앙숙이었습니다.

변화는 17세기가 되어서야 시작되었습니다. 1603년 잉글랜드의 여왕 엘리자베스 1세Elizabeth I는 후사를 남기지 못하고 서거합니다. 그러자 모든 관심은 다음 잉글랜드

엘리자베스 1세

후세 없음

의 왕이 누가 될 것인가에 쏠렸습니다. 잉글랜
드는 복잡한 혈통 관계를 계산해야만 했지요.

그런데 공교롭게도 잉글랜드 왕위 계승자 1
순위는 잉글랜드에 없었습니다. 앙숙인 스코
틀랜드에 살고 있었거든요. 당시 스코틀랜드 왕이었던 제임스 6세
James VI가 바로 잉글랜드 왕위 계승 1
순위의 주인공이었습니다.

제임스 6세

결국 스코틀랜드의 왕 제임스 6세
가 잉글랜드의 왕 제임스 1세James I로
즉위하면서 두 왕국은 한 명의 왕을
섬기는 나라가 되었습니다. 이것이
스코틀랜드와 잉글랜드가 하나가 되
는 시작점이 됩니다.

제임스 1세가 즉위할 때 만들어진
것이 바로 오른편의 국기입니다. 잉
글랜드의 성 게오르기우스 십자가와
스코틀랜드의 성 안드레아스 십자가
가 하나로 합쳐진 모양입니다.

잉글랜드와 스코틀랜드의 통합 왕

제임스 1세 즉위

스코틀랜드   잉글랜드

으로 즉위한 제임스 1세는 고민이 하나 있었습니다. 잉글랜드와 스

코틀랜드는 서로 믿는 종교가 달라서였죠.

잉글랜드는 헨리 8세^{Henry Ⅷ}때 가톨릭과 결별하고 잉글랜드의 독

자적인 개신교인 성공회를 만들어 국교로 삼았습니다. 그런데 스코

틀랜드는 여전히 가톨릭이 국교였습니다. 하나의 왕국에 두 개의 국교가 생긴 셈이니 골치가 아픈 게 당연했습니다.

　제임스 1세는 고민 끝에 한 가지 기발한 생각을 떠올렸습니다. 국가에서《성경》을 편찬하기로 한 것입니다. 개신교든 가톨릭이든 읽는《성경》은 똑같으니까요. 분열된 두 종교 사이를《성경》을 통해서 줄이려고 한 제임스 1세의 아이디어는 놀라운 것이었습니다. 이렇게 탄생한 것이 바로《킹 제임스 성경》입니다. 당시 발전한 금속 활자 인쇄술을 통해서《성경》은 성공적으로 전국에 보급되었지요.

　《성경》이 발간되자 제임스 1세는 기뻐했습니다. 그때만 해도《성경》을 독자적으로 발간한 나라는 얼마 없었거든요. 당시에는 유럽의 변방으로 취급되던 영국으로서는 자랑스러워할 만한 일이었습니다.

　하지만《킹 제임스 성경》초판은 사람들에게 배포되지 못했습니다. 하필《성경》의 내용 중에서도 사람들이 가장 많이 보는〈십계명〉부분에 엄청난 인쇄 실수가 있었거

든요.

바로 이렇게요.

"Thou shalt commit adultery너는
간음을 할지어다."

본래 이 구절은 다음과 같이 써 있어야 했습니다.

"Thou shalt not commit adultery너는 간음을 하지 말지어다."

그런데 이 구절에서 'not'이 빠져 버린 것입니다. 그래서 문장의
의미가 완전히 반대가 되어 버린 겁니다.

결국《성경》을 찍어낸 인쇄소는 엄청난 벌금을 물었고, 이미 배
포된 책은 회수하는 것으로 사건은 일단락되었습니다. 그런데 그
당시에 미처 회수하지 못한 책들이 있었던 모양입니다. 이 책들은
400년이 지난 지금 고가에 거래되고 있다고 합니다.

성 패트릭의 십자가와 세잎클로버

아일랜드 공화국
& 북아일랜드

아일랜드 공화국^위 **& 북아일랜드**^{아래}

브리튼 섬 옆에는 아일랜드섬이 있습니다. 브리튼 섬의 3분의 1 정도 되는 크기이지요. 하지만 이 섬은 현재 아일랜드 공화국과 북아일랜드라는 두 개의 나라로 나뉘어 있습니다. 이중 북아일랜드만이 영국을 구성하고 있는 4개 지방 중 하나입니다.

잉글랜드의 세력이 커져 아일랜드섬을 정복하면서 북아일랜드와 아일랜드가 갈라지게 됐습니다. 아일랜드 사람들은 원래 가톨릭을 믿었는데 개신교를 믿는 잉글랜드 사람들이 들어오면서 분쟁이 시작됐습니다.

이 분쟁은 20세기까지 계속되었고, 현재의 북아일랜드 지방만 영국에 남은 채 아일랜드 공화국이 분리 독립하게 됐습니다. 북아일랜드의 수도는 벨파스트, 아일랜드 공화국의 수도는 더블린입니다.

영국의 구성원 중 하나인 북아
일랜드는 아일랜드섬 북동부에
위치한 6개의 주로 구성되어 있
습니다. 아일랜드는 주로 로마인
과 게르만족을 피해 거주 지역을
옮긴 켈트족이 살아온 땅으로 알
려져 있습니다.

아일랜드에 정착한 켈트의 후손들은 스코틀랜드 지역으로 건너가
정착하기도 했지만, 잉글랜드 왕국이 점차 확장하기 시작하자 오히
려 잉글랜드 사람들이 아일랜드섬으로 건너오기 시작했습니다.

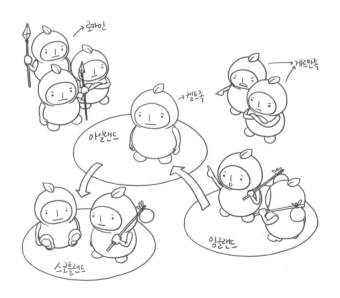

결국 16세기 튜더 왕조의 헨리 8세는 아일랜드를 정복하여 잉글랜드의 영토로 삼습니다. 이때부터 많은 잉글랜드 사람들이 아일랜드섬으로 건너오기 시작했습니다. 특히 넓은 아일랜드 땅은 부유한 잉글랜드 귀족들의 좋은 투자처였죠.

잉글랜드 귀족들은 아일랜드의 넓은 농장들을 사들이기 시작했습니다. 그러자 가난한 아일랜드 사람들은 잉글랜드 귀족이 소유한 농장의 소작농 신세로 전락합니다. 민족과 신분 차이에 따른 차별과 갈등이 일어날 수밖에 없었지요.

잉글랜드와 아일랜드가 어우러질 수 없는 이유가 하나 더 있었습니다. 바로 종교였죠. 아일랜드 사람들은 전통적으로 가톨릭을 믿어 왔지만, 잉글랜드 사람들은 개신교의 한 종류인 성공회 신자였거든요. 종교 갈등은 민족 갈등과 식민 지배 문제와 더불어 잉글랜드와 아일랜드를 반목하게 만드는 중요한 문제였습니다. 수백 년에 걸쳐 아일랜드는 잉글랜드의 수탈에 신음했고, 둘 사이의 관계

는 악화되고 있었죠.

그러다 아일랜드에 끔찍한 비극이 찾아옵니다. 19세기 중반, 역사상 가장 비참한 사건 중 하나로 불리는 '아일랜드 대기근'이 일어납니다. 기근의 원인은 전염병이었습니다. 사람이 아니라 감자가 그 대상이었죠.

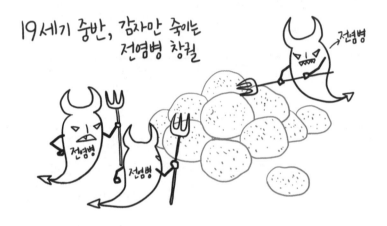

잉글랜드의 수탈 때문에 항상 먹을 것이 부족했던 아일랜드인들은 감자를 많이 길렀습니다. 감자는 뿌리 식물로 땅속 깊숙이 알뿌리가 자라기 때문에 같은 면적에 심더라도 다른 작물에 비해 수확량이 많았거든요. 그런데 하필 감자만 죽이는 전염병이 돌게 되었던 것입니다. 이 병으로 인해 아일랜드의 감자가 싹 죽어 버렸습니다.

당시 아일랜드 사람들 가운데 100만 명 이상이 굶어 죽고, 그보다 더 많은 사람들이 굶주림을 견디다 못해 대서양을 건너 낯선 땅 미국으로 건너갈 수밖에 없었습니다. 1841년 아일랜드의 인구가 약 800만 명이었다고 하니, 기근 때문에 4분의 1의 인구가 아일랜드 땅에서 사라지고 만 것입니다.

아사 or
미국 이주

아일랜드인

아일랜드 사람들이 이렇게 끔찍하게 굶어 죽고 있었지만, 잉글랜드 정부는 구호에는 관심이 없었습니다. 잉글랜드 사람들은 아일랜드에서 생산되는 밀이나 옥수수 같은 작물들을 모두 브리튼 섬으로 가져가 파는 데에만 관심이 있었습니다. 바로 옆에서 수많은 아일랜드 사람들이 굶어 죽고 있는데도 말입니다.

게다가 잉글랜드는 외국에서 오는 원조를 방해하거나, 아일랜드

사람들이 게으르기 때문에 기근이 왔다며 아일랜드 사람들을 매도하기까지 했죠.

결국 아일랜드 사람들은 폭발하고 맙니다. 잉글랜드의 지배를 거부하며 독립운동을 시작한 것입니다. 그 과정에서 수없이 많은 사람들이 희생 당했습니다.

결국 아일랜드는 수많은 희생자들의 피를 대가로 독립 공화국을 수립합니다. 1949년에 드디어 영연방에서 탈퇴한 거죠. 그렇지만 북아일랜드의 6개주는 여전히 영연방에게 남

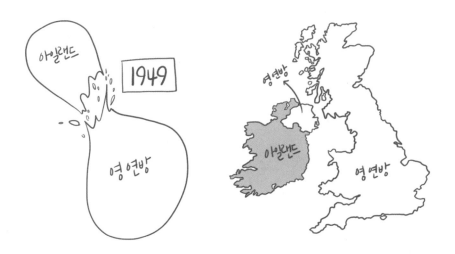

아 있는 상태였습니다. 이때 영연방에 남은 북아일랜드의 6개주는 아일랜드 공화국과 분리되어 스코틀랜드, 웨일스와 함께 영국을 구성하는 연방으로서 깃발에 통합됩니다.

북아일랜드의 깃발은 '성 패트릭의 십자가'라고 불립니다. 하얀 바탕에 X자 모양의 붉은색 십자가의 모습을 하고 있지요.

성 패트릭Saint Patrick은 아일랜드 출신의 성인입니다. 어린 시절부터 무척 똑똑했다고 합니다. 이를 지켜본 한 로마 지휘관이 그를 로마로 데려가 교육을 시키기로 마음먹고, 섬에서 철수할 때 데려갑니다. 패트릭은 로마에서 열심히 공부해서

성직자가 될 수 있었습니다. 그러고는 자신의 고향인 아일랜드로 돌아가 고향 사람들에게 선교 활동을 시작합니다.

성 패트릭은 고향 사람들에게 세잎클로버를 보여 주면서 기독교의 교리인 삼위일체설을 설명했다고 합니다. 그래서 토끼풀은 성 패트릭을 상징하게 됩니다.

아일랜드 출신 이민자가 많은 미국에서는 매년 3월 17일 '성 패트릭의 날'을 기념하며 축제를 벌입니다. 축제에 참여하는 사람들은 초록색 토끼풀을 상징하는 옷과 리본을 달고 나오지요. 그래서 사실 아일랜드를 상징하는 것은 오히려 초록

색 토끼풀이라고 볼 수 있습니다. 아일랜드 공화
국 축구 대표 팀 경기를 보면 아일랜드 관중들이
녹색 옷을 입고 응원을 펼치는 것을 볼 수 있죠.

그렇다면 북아일랜드의 붉은색 X자는 왜 '성 패
트릭의 십자가'로 불릴까요? 성 패트릭은 붉은색
십자가와는 관계가 없어 보이는데 말입니다. 사실
그 이유에 대해서는 아직도 의견이 분분합니다.

연구자들은 이 십자가가 오랫동안 아일랜드를
실질적으로 통치해 온 킬데어 백작Earls of Kildare 가

축구장에 가는, 녹색 옷을 입은 아일랜드
축구 팬 ©shutterstock

George FitzGerald (1612-1660)
16th Earl of Kildare
2nd Baron Offaly

문의 문장에서 왔다고 생각합니다. 킬데어 가문은 12세기경 영국을 점령한 노르만족의 일파로 시작하여, 아일랜드 영토를 대부분 손에 넣었고, 그 후로 수백 년간 아일랜드의 가장 강력한 봉건 영주 가문이었습니다.

영국에서 건너온 북아일랜드 사람들이 보기에는 아일랜드 사람들끼리 공유하던 문화인 세잎클로버보다는 킬데어 백작의 붉은색 십자가 문장이 더 익숙했을지도 모르겠습니다. 결국 북아일랜드의 6개 주는 이 붉은색 십자가를 상징으로 삼아 영국에 남게 됩니다.

그리고 앞서 언급했듯이 북아일랜드를 제외한 나머지 지역은 아일랜드 공화국으로 분리 독립에 성공합니다. 그렇다면 아일랜드 공화국 국기는 어떤 모양일까요?

아일랜드 공화국의 국기는 삼색으로 이루어져 있습니다. 초록색은 가톨릭 구교도를 상징하고, 주황색은 개신교를 믿는 신교도를 상징합니다. 흰색

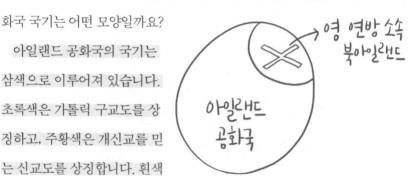

영 연방 소속
북아일랜드

아일랜드
공화국

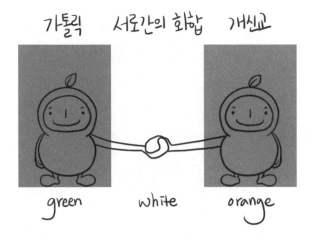

가톨릭   서로간의 화합   개신교

green   white   orange

에는 구교와 신교 간의 화합을 담았다고 합니다.

잉글랜드의 침략과 개신교 전파로 인해 오랜 종교 갈등을 겪었던 아일랜드는 국기에 서로를 존중하고 평화적인 공존을 모색하는 마음을 담아냈습니다. 그래서일까요? 20세기까지도 테러와 폭력으로 얼룩졌던 영국과 아일랜드의 관계는 이제 점차 회복되고 있는 중이랍니다.

마비노기의 드래곤 **웨일스**

웨일스

웨일스는 그레이트 브리튼 섬 남서부에 있습니다. 영국을 구성하는 4개의 지방 중 하나입니다. 수도는 카디프입니다. 옛날 브리튼 섬에 들어온 색슨족이 본래 브리튼 섬에 정착했던 켈트족을 서쪽으로 몰아냈는데, 이때 켈트족이 정착한 곳이 브리튼 섬의 남서부인 웨일스였습니다. 웨일스는 영어와 웨일스어를 공용어로 사용하고 있습니다.

앞선 이야기들을 통해 잉글랜드의 성 조지의 십자가와 스코틀랜드의 성 안드레아스 십자가, 북아일랜드를 상징하는 성 패트릭 십자가가 결합되어 지금의 영국 국기가 탄생했다는 사실을 알게 되었습니다.

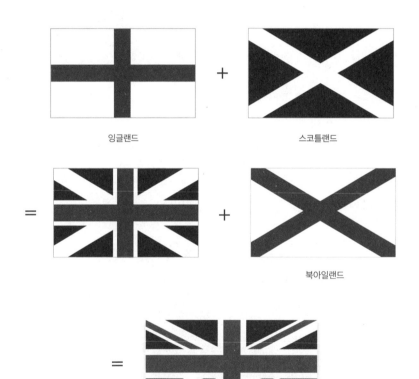

잉글랜드

스코틀랜드

북아일랜드

그런데 뭔가 이상하죠? 영국을 이루는 4개의 지방 가운데 웨일스는 영국 국기에서 빠져 있습니다. 스코틀랜드나 북아일랜드처럼 웨일스도 자신을 상징하는 깃발이 있습니다.

바로 오른쪽에 있는 깃발이 웨일스의 국기입니다. 그런데 왜 영국 국기에서는 빠지게 됐을까요? 그 이유를 알아보려면 역시 웨일스의 역사를 살펴봐야 합니다. 이번에도 영웅들의 모험담이 등장합니다.

웨일스의 깃발은 영국 내의 다른 지방들과는 다릅니다. 잉글랜드, 스코틀랜드, 북아일랜드는 모두 십자가 모양을 사용하는데 웨일스 깃발에 그려진 상징은 붉은 용입니다.

마비노기 + 온 = 이야기책
  이야기   복수형

　붉은 용이 왜 등장했는지를 설명하기 위해서는《마비노기온》을
잠시 설명해야 합니다.《마비노기온》은 고대 켈트족의 신화와 설화
를 담고 있는 이야기책입니다.

　켈트족이 브리튼 섬에 정착한 것은 지금으로부터 약 2400년 전
입니다. 로마인보다 먼저 이 섬에 정착했던 켈트족은 많은 신화와
전설을 남겼습니다. 구전으로 떠돌던 켈트족의 이야기들이 기록된
것이 바로《마비노기온》이지요. 따라서 이 책에는 켈트족의 명맥을
유지해 온 웨일스의 전통이
잘 간직되어 있습니다.

　《마비노기온》에 담긴 많은
이야기 중에는 고대 브리튼
섬을 통치했던 루드Lludd 왕
의 이야기가 전해져 내려옵
니다.

루드가 통치하던 평화로운 브리튼 섬에 어느 날 흰 용이 나타났습니다. 이 포악한 용은 논밭과 민가를 무자비하게 공격합니다. 이때 홀연히 붉은 용이 나타났습니다. 붉은 용은 브리튼 섬을 지키는 용이었답니다. 붉은 용은 브리트 섬을 지키기 위해 흰 용과 결투를 합니다.

막상막하였던 둘의 싸움은 밤낮을 가리지 않고 계속되었습니다. 이들이 내는 고통스러운 신음이 어찌나 컸던지, 임산부는 사산하고 동식물들이 말라 죽을 정도였습니다.

보다 못한 왕 루드는 동생인 리에펠리스Llefelys를 찾아갔습니다. 리에펠리스는 현자로 소문난 사람이었습니다. 형의 고민을 들은 리에펠리스는 한 가지 해결책을 내놓습니다. 브리튼 섬 한가운데에 커다란 구덩이를 파고 그 안에 꿀로 빚은 술을 담고 천을 덮어놓으라고 했지요. 루드는 즉시 동생의 말을 따랐습니다.

다음 날 해가 뜨자마자 두 용은 다시 하늘 높이 치솟아 싸움을 시작했습니다. 치열하게 싸우다 뒤엉킨 두 용은 땅으로 곤두박질쳤는데, 마침 구덩이 안으로 떨어지게 됩니다.

두 용은 구덩이 안에서 달콤한 술 냄새를 맡습니다. 그러자 싸움도 잊고 술을 벌컥벌컥 들이마십니다. 고주망태가 되도록 술을 들이킨 두 용은 곧 술에 취해 잠이 들고 말았습니다. 루드는 이때를 놓

치지 않고 곯아떨어진 두 용을 스노든이라 불리던 웨일스 땅의 한 요새에 가둡니다. 이렇게 브리튼 섬은 평화를 찾았다고 합니다.

루드 왕이 용을 가둔 지 500여 년이 지났습니다. 브리튼의 왕이 었던 보티건Vortigern은 이 스노든 지역에 성을 쌓고자 했습니다. 그런데 이상하게도 성곽을 짓기만 하면 성벽이 힘없이 무너져 내리는 겁니다.

해결책을 고민하던 보티건 왕은 스노든에 있는 한 아이를 찾아가 조언을 듣습니다. 그 아이는 아버지 없이 태어났는데 놀라운 예지력을 가지고 있었다고 합니다.

보티건 왕의 이야기를 들은 아이는 잠시 생각하더니 스노든 지역의 한 곳을 가리키며 땅을 파야 한다고 말했습니다. 땅속에는 용이 갇혀 있는데, 그 용을 꺼내 줘야 한다는 것이었습니다.

보티건 왕은 그 얘기를 믿기 어려웠지만 다른 방법이 없었습니다. 속는 셈 치고 아이의 말대로 땅을 파내는 수밖에요. 하지만 땅을 파자 정말로 붉은 용과 흰 용이 나왔습니다. 아이의 말을 믿게 된 왕은 이 용들을 풀어 주게 됩니다.

500년 만에 풀려난 용들은 곧바로 싸움을 다시 시작했습니다. 하지만 이번 싸움은 곧 결판이 납니다. 붉은 용이 흰 용을 물리친 겁니다. 흰 용은 사라졌고, 브리튼 섬에는 진정한 평화가 찾아왔다고 합니다.

웨일스 사람들은 이 붉은 용이 외세의 침입에 굴하지 않은 진정한 브리튼 섬의 주인, 켈트족을 상징한다고 생각합니다. 붉은 용을 자신들의 상징으로 삼은 이유는 켈트족의 후손인 웨일스 사람들이

= 켈트족 브리튼
사람들

RED DRAGON

야말로 브리튼 섬의 진정한 주인이라는 뜻이었습니다.

하지만 현실은 이야기와 다릅니다. 본래 브리튼 섬의 주인이었던 켈트족은 대륙에서 건너온 게르만족의 일파인 앵글족과 색슨족에게 밀려 섬의 서쪽 끝에 자리 잡게 됩니다. 지금의 웨일스 말입니다.

이후 웨일스는 독자적으로 발전합니다. 잉글랜드도 서쪽 변방의 웨일스 땅에 큰 관심을 갖지는 않았습니다. 그러던 중 13세기 말경 루엘린Llywelyn the Great이라는 강력한 지도자가 웨일스를 통일합니다.

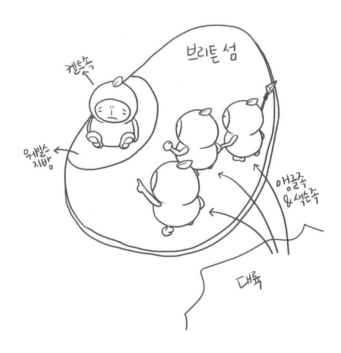

루엘린은 스스로를 웨일스 공Prince of Wales이라고 칭했습니다. 당시 잉글랜드의 왕 헨리 3세Henry Ⅲ도 이를 정식으로 인정해 주었습니다.

하지만 헨리 3세의 아들이었던 에드워드 1세Edward I는 웨일스에 다른 세력이 존재하는 것을 별로 좋아하지 않았던 모양입니다. 에드워드 1세는 브리튼 섬을 하나의 단일한 국가로 통일하고 싶어 했습니다. 에드워드 1세는 웨일스와 스코틀랜드를 정복하

기로 마음먹습니다. 첫 목표는 웨일스였습니다.

에드워드 1세는 군대를 이끌고 쳐들어가 루엘린을 처부숩니다. 그러고는 자신의 장남을 웨일스 공으로 삼았지요. 이때가 1282년입니다. 이후로 웨일스는 완전히 잉글랜드의 왕실에 복속됩니다.

영국 국기에 웨일스만 모습을 드러내지 못한 것은 이렇게 너무나도 일찍 잉글랜드와 하나가 되었기 때문이 아닐까요? 거의 800년에 가까운 시간을 잉글랜드 왕국의 일부로 지내왔으니까요.

에드워드 1세는 스코틀랜드도 거의 평정할 뻔 하지만 병으로 죽는 바람에 꿈을 이루지는 못했습니다. 에드워드 1세의 꿈은 300년 후에 제임스 1세가 스코틀랜드와 잉글랜드의 왕이 되면서 이루어집니다.

한편 에드워드 1세가 처음 루엘린 왕을 물리치고 웨일스를 지배하려고 하자 웨일스 귀족들은 이를 가만 놔둘 수 없었습니다. 하지만 무력으로는 에드워드 1세를 이길 수 없었죠. 그래서 왕의 자격을 문제 삼기로 했습니다.

"우리는 잉글랜드의 지배를 원치 않습니다. 웨일스 출신이고, 웨일스 말을 하며, 품행이 바른 자만이 웨일스의 군주가 될 수 있고 우리를 다스릴 수 있습니다."

그러자 에드워드 1세는 코웃음을 치며 이렇게 말했다고 합니다.

최초로 웨일스 공이 된 영국 왕자님

"그래? 그럼 내 아들 에드워드 2세Edward II가 좋겠군. 이 아이는 웨일스 출신이고, 웨일스 말을 할 줄 알고, 품행도 나보다 낫거든."

에드워드 2세는 웨일스의 서부에 위치한 귀네드Gwynedd 출신이었습니다. 에드워드 1세에게 한 방 날리려던 웨일스의 귀족들은 더 이상 말을 꺼내지 못했다고 하네요.

영국의 왕은 자신을 이어 왕이 될 장자에게 '웨일스 공Prince of Wales'이라는 작위를 수여하는데, 이 전통은 에드워드 2세 때부터 시작된 거라고 합니다.

역사상 가장 오랫 동안 '웨일스 공' 자리를 지켰던 찰스 3세. 1958년부터 2022년까지 무려 64년간 영국의 왕세자였습니다. © shutterstock

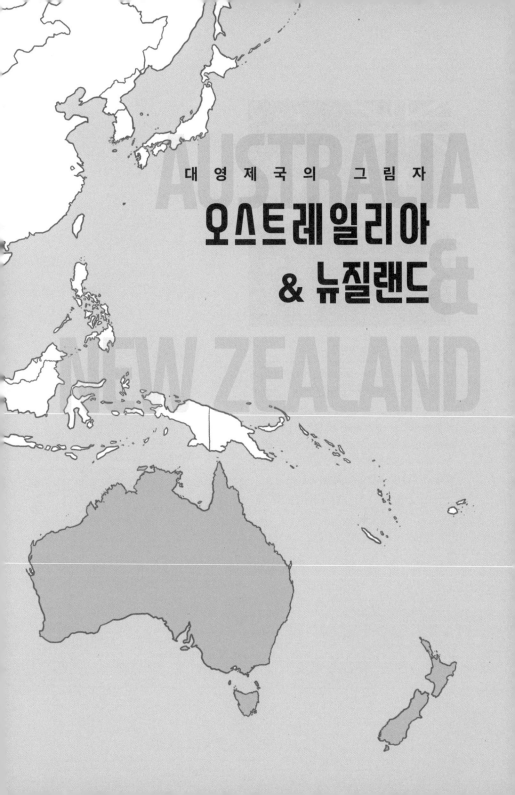

대영제국의 그림자

오스트레일리아
& 뉴질랜드

오스트레일리아^위 & **뉴질랜드**^{아래}

오스트레일리아는 태평양 오세아니아의 거대한 섬이자 대륙입니다. 수도는 캔버라입니다. 면적은 774만 제곱킬로미터이지만 인구는 2,300만 명에 불과합니다. 캥거루, 코알라 등 이곳에만 살고 있는 동식물들이 많은 나라입니다.

뉴질랜드는 인구 약 400만 명의 섬나라로 수도는 웰링턴입니다. 아름다운 자연환경과 여유로운 삶을 자랑합니다. 영화 〈반지의 제왕〉 촬영지로도 유명합니다.

지금까지 세 가지 각기 다른 모양의 십자가가 합쳐져서 만들어진 영국의 국기를 살펴보았습니다. 그런데 궁금한 점이 하나 생깁니다. 영국에서 한참 떨어진 곳에 위치한 오스트레일리아나 뉴질랜드 국기에 왜 영국의 국기가 새겨져 있는 것일까요?

궁금증을 해소하기 위해서는 15세기경 유럽의 역사로 거슬러 올라갈 필요가 있습니다. 1492년 콜럼버스는 대서양을 건너 아메리카 대륙으로 향하는 항로를 발견합니다. 인도로 가는 항로를 개척하기 위해 항해를 떠났다가 '새로운' 대륙에 도착하게 된 것입니다. 물론 유럽 사람 입장에서 처음으로 발견한 대륙이라는 의미입니다.

　사실 오래 전부터 유럽의 각국들은 동방으로 향하는 무역로를 개척하기 위해 서로 경쟁했습니다. 가장 먼저 선두에 나선 것은 스페인과 포르투갈이었죠.

　특히 스페인은 아메리카 식민지에서 나는 은과 금을 통해 세계에서 가장 부강한 나라로 거듭났습니다. 스페인이 자랑하는 '무적함대'는 16세기경 세계 최강의 함대로 불리며 모든 바다를 장악했지요.

　영국은 배가 아팠습니다. 어떻게든 앞서 나간 나라들을 따라잡기 위해 노력했지요. 엘리자베스 1세는 국가 자원을 총동원하여 함대를 만들고 탐험가들을 지원했습니다. 나중에 미국으로 독립하게 된 북아메리카의 식민지도 이런 시도의 일환이었습니다.

영국의 노력은 결국 결실을 맺습니다. 1588년 엘리자베스 1세의 영국 함대는 스페인의 '무적함대'를 격파하기에 이릅니다. 이제 영국은 유럽의 해상권을 장악하고 내친김에 점차 더 먼 바다로 나아가게 되었습니다.

세계의 대제국을 꿈꾸는 영국 앞에 장애물은 없었습니다. 대서양으로, 태평양으로 영국은 수많은 탐험가들과 군대를 보내 새로운 교역로를 개척했고, 식민지를 건설했습니다.

제임스 쿡James Cook 역시 이러한 탐험가 중 한 사람이었습니다. 지도 제작에 특히 뛰어난 능력을 발휘했던 탐험가 제임스 쿡은 1770년 남태평양을 항해하던 중 거대한 섬을 발견합니다. 그리고 섬에서 얼마 떨어지지 않은 곳에 육지가 있는 것을 발견하게 되었지요. 그는 이곳이 거대한 대륙임을 깨닫습니다. 바로 이 섬과 대륙이 바로 뉴질랜드와 오스트레일리아입니다.

사실 제임스 쿡이 뉴질랜드와 오스트레일리아를 먼저 발견한 것은 아닙니다. 이전에 네덜란드인들이 오스트레일리아 북부에 먼저 도착한 후 뉴홀랜드New Holland라는 이름을 붙였지요.

하지만 네덜란드 사람들에게
나 영국 사람들에게나 이 섬은
너무 멀었습니다. 그러다 보니
발견한 뒤에도 오랜 기간 방치
했죠.

　이곳에 본격적으로 식민지가
건설된 것은 1776년 미국이 영국으로부터 독립하면서부터였습니
다. 아메리카 대륙의 식민지를 잃어버린 영국은 새로운 땅인 뉴질
랜드와 오스트레일리아로 눈을 돌립니다.

　영국은 오스트레일리아에 뉴사우스웨일스라는 영국식 이름을
붙였습니다. 그리고 총 6개의 식민주를 건설합니다. 이 여섯 개의

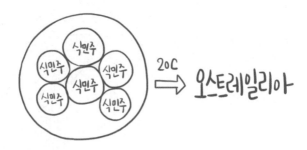

주가 훗날 하나의 연방을 구성하면서, 지금의 오스트레일리아가 만들어집니다.

이러한 이유로 오스트레일리아의 국기 한쪽에는 영국 국기가 그려져 있습니다. 오스트레일리아와 영국과의 오랜 관계를 나타내는 것이지요.

국기 우측에 위치한 다섯 개의 별은 남십자성을 뜻합니다. 아주

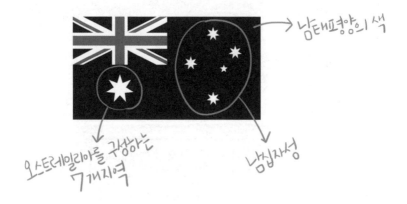

남태평양의 색

오스트레일리아를 구성하는 7개지역

남십자성

먼 옛날 남반구를 여행하던 뱃사람들은 길을 잃지 않기 위해 남십자성을 길잡이로 삼았다고 합니다. 이 남십자성은 오스트레일리아를 '발견한' 탐험가들을 떠올리게 합니다.

좌측 하단의 큰 별은 오스트레일리아를 구성하는 7개의 지역을 뜻합니다. 본래는 6개의 식민주가 연방을 구성했기 때문에 별도 6개의 뾰족한 꼭짓점을 가지고 있었습니다. 하지만 1909년 파푸아뉴기니 섬의 일부 지역이 오스트레일리아 연방에 합류하면서 7개의 뾰족한 꼭짓점을 가진 별이 됐습니다.

뉴질랜드는 뉴사우스웨일스 식민지의 일부로 영국의 영향을 많이 받았다는 점에서 오스트레일리아와 역사를 공유합니다. 하지만 뉴질랜드는 오스트레일리아와는 조금 다른 모습으로 발전합니다.

가장 크게 다른 점은 원주민인 마오리족과 타협을 이루면서 식민

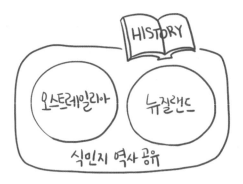

타협

마오리족
(뉴질랜드 원주민)

뉴질랜드 이주민

지 건설이 이루어졌다는 점입니다.

사실 오스트레일리아에 발을 디딘 유럽인들은 원주민들을 몰아
내거나 학살하곤 했습니다. 하지만 마오리족이 버티고 있던 뉴질랜
드 섬은 함부로 점령할 수가 없었습니다. 워낙 신체 조건이 좋고 전
투 능력이 탁월했던 마오리족은 그 어떤 원주민들보다도 격렬하게
저항하고 방어했거든요.

뉴질랜드에 들어선 유럽인들은 마오리족 역시 국민의 일부로 받
아들이고 함께 살아가는 방법을 찾게 되었습니다. 그래서 지금은
마오리족의 역사와 전통을 공유하면서 살게 된 것입니다.

혹시 럭비나 축구 경기에서 뉴질랜드 대표팀을 보신 적이 있나
요? 이들은 항상 경기 전에 기를 팍팍 불어넣는다는 의미로 마오리

마오리 하카

족의 전통 춤을 춥니다. '마오리 하카'라고 불리는 이 춤은 마오리족
이 전쟁에 나가기 전에 전의를 불태우고 정신을 가다듬는 춤이었다
고 하죠.

뉴질랜드 국기가 오스트레일리아와 비슷하게 생긴 이유는 바로
식민지 역사를 공유하고 있기 때문입니다.

하지만 지금도 여전히 영연방의
일부로서 형식적이나마 영국의 국
왕을 국가 원수로 삼고 있는 오스
트레일리아와는 달리, 뉴질랜드는
일찌감치 영연방에서 탈퇴해 버립
니다.

　이 때문에 국기에 새겨진 영국의 국기를 없애고, 새로운 국기를 제정해야 한다는 이야기가 오래 전부터 있어 왔습니다. 여러 가지 안이 논의되었다고 하는데, 아직 공식적으로 바뀌지 않은 것을 보면 국민들 모두가 만족할 만한 국기를 만드는 일은 매우 어려운 일인 것 같습니다.

하와이 주기에는 왜 유니언 잭이 있을까?

뉴질랜드와 오스트레일리아 외에도 국기에 유니언 잭이 들어가 있는 국기는 많이 있습니다. 휴양지로 유명한 피지, 북대서양에 위치한 섬 버뮤다 등 한때 영국의 영향을 받았던 지역입니다. 중국에 반환되기 전 홍콩의 국기에도 유니언 잭이 들어 있었습니다.

재미있는 것은 하와이입니다. 하와이는 1778년 유럽인으로서는 제임스 쿡이 처음으로 발견합니다. 그 후로 오랫동안 하와이는 영국 연방의 일부였습니다. 그래서 하와이 깃발에는 유니언 잭이 있습니다.

하지만 하와이는 1959년 50번째 주로 미국에 편입되게 되는데요. 여전히 주기_{州旗: 주를 상징하는 깃발}는 유니언 잭이 있는 국기를 사용하고 있습니다.

아래는 하와이의 주기입니다. 미국 국기에 유니언 잭을 합쳐 놓은 모양새가 독특합니다.

풍요로운 단풍나무 캐나다

캐나다

캐나다는 러시아 다음으로 넓은 땅을 가진 나라입니다. 국토 면적은 998만 제곱킬로미터로 대한민국의 100배에 이릅니다. 캐나다는 영연방의 일원으로서 영국 국왕이 캐나다의 왕을 겸임하고 있습니다. 하지만 왕은 상징일 뿐이고 의원 내각제를 통해 통치하는 나라입니다. 수도는 오타와입니다. 영국계 주민들이 많은 토론토와 프랑스계 주민들이 많은 몬트리올이 경쟁하다 둘 다 관계없는 오타와를 수도로 삼았다고 합니다.

뉴질랜드나 하와이 같이 영연방에 더 이상 속하지 않으면서도 국기 안에 유니언 잭을 담은 나라가 있는가 하면, 영연방에 속해 있으면서도 국기에서 유니언 잭을 빼 버린 나라도 있습니다. 캐나다가 바로 이러한 경우입니다.

캐나다의 국기에는 붉은색 단풍나무 잎이 그려져 있습니다. 단풍나무 잎이 그려지게 된 배경은 약 400년 전 프랑스인들이 북아메리카에 발을 내딛었을 때로 거슬러 올라갑니다.

17세기 초 프랑스 사람들은 본격적으로 북아메리카에 진출했습니다. 본래 날씨가 추운 데다가 숲이 우거진 이 넓은 땅에는 원주민들이 듬성듬성 살고 있었습니다.

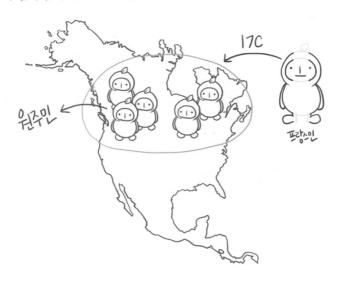

원주민들을 만난 프랑스인들은 이곳이 어디냐고 물어봤습니다. 원주민들은 '캐나다'라고 대답했다고 합니다. 그래서 프랑스인들은 이 땅을 캐나다라고 부르게 됩니다. 하지만 사실 캐나다는 인디언 말로 '작은 마을kanata'이라는 뜻이었답니다.

프랑스 사람들은 원주민들이 캐나다고 부르는 이 새로운 땅의 자연환경에 감탄했습니다. 특히 달콤한 설탕 수액이 나오는 단풍나무들이 빽빽하게 자라고 있는 것을 알게 됐죠.

현재의
퀘벡주지역 ←

Nouvelle France
=새로운 프랑스

프랑스인들은 이곳에 성곽을 세우고 식민지를 건설하기 시작하고는 '누벨 프랑스Nouvelle France', 즉 '새로운 프랑스'란 이름을 붙입니다. 그리고 이 지역의 풍요롭고 아름다운 자연을 대표하는 단풍나무를, 북아메리카에 자리 잡은 프랑스인들을 가리키는 상징으로 삼았습니다.

*단풍나무는 메이플 시럽의 원료! *

프랑스인

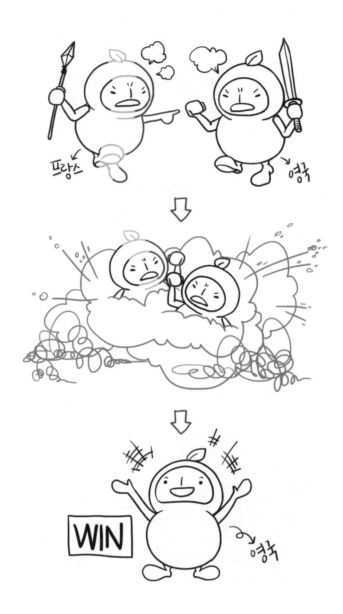

비슷한 시기, 프랑스에게 선수를 빼앗긴 영국도 뒤질세라 북아메리카 지역에 식민지를 건설하기 시작했습니다.

영원한 라이벌 영국과 프랑스가 서로 경쟁하게 되었으니, 둘 사이에 전쟁이 날 것은 불을 보듯 뻔한 일이었습니다. 결국 1756년부터 1763년까지 7년간 프랑스와 영국은 아메리카 대륙의 주도권을 놓고 한판 붙게 됩니다.

북아메리카에 본격적으로 진출한 것은 프랑스가 조금 앞섰지만, 전쟁에서 승리한 나라는 영국이었습니다. 프랑스는 눈물을 머금고 아메리카 대륙에서 철수할 수밖에 없었습니다. 하지만 이미 캐나다 지역에 자리 잡은 프랑스 사람들이 모두 본국으로 돌아갈 수는 없

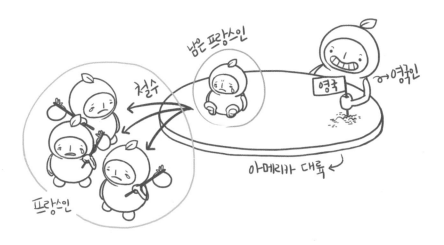

캐나다인

프랑스계
아메리카인

영국계
아메리카인

는 일이었습니다.

결국 아메리카에 남게 된 프랑스인들은
프랑스 본토와 결별하고, 영국의 지배를 인
정할 수밖에 없었습니다. 프랑스와 연이 끊
어지면서 비로소 진정한 캐나다인이 탄생
한 것입니다.

그러던 어느 날 캐나다 남쪽, 즉 미국 동부에 위치한 영국의 식민
13개주가 본국인 영국과 독립 전쟁을 벌입니다. 처음에는 영국이 우
세했습니다. 식민지에는 제대로 조직된 군대조차도 없었으니까요.

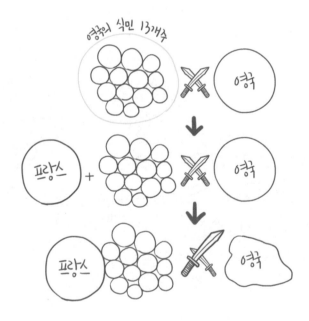

영국의 식민 13개주

영국

프랑스 + 영국

프랑스 영국

하지만 영국을 싫어했던 프랑스가 아메리카 대륙의 영국 식민지들을 몰래 도와주자 판도가 변했습니다. 게다가 식민지에서의 전쟁에 많은 돈을 투자하는 것에 불만이 많았던 영국 본토의 여론도 악화됩니다. 영국은 점차 전쟁의 주도권을 잃게 됩니다.

영국은 캐나다 식민지가 미국 편에 서지 않을까 두려웠습니다. 원래 캐나다는 프랑스의 식민지였으니까요. 영국은 캐나다에 있는 프랑스인들을 구슬리기로 마음먹었습니다. 그들의 언어인 프랑스어를 사용할 수 있게 허락하고, 가톨릭을 믿는 것도 간섭하지 않겠다고 약속합니다.

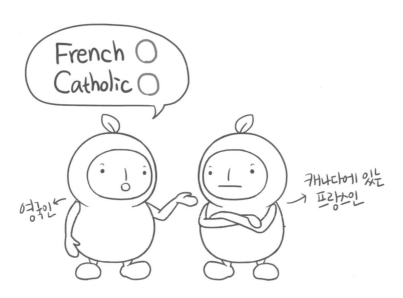

이때부터 캐나다는 영국의 간섭을 받지 않고 독자적으로 발전할 수 있는 토대가 마련되었습니다. 명목상으로만 영국의 지배를 받을 뿐, 실질적으로는 독립국이나 다름없게 된 것이지요.

캐나다가 영국에 속해 있다는 증거는 당시 사용했던 국기 속에서만 알아볼 수 있었습니다. 당시 캐나다는 붉은색 바탕의 깃발 좌측 상단에 영국의 유니언 잭이 그려진 깃발을 사용하고 있었습니다. 명목상으로는 영국에 속한 자치령이었으니까요.

오른쪽에 자리잡은 방패에는 당시 대영 제국이 캐나다를 손에 넣었음을 보여 주는 상징이 들어 있습니다. 대영 제국의 근간인 잉글랜드, 스코틀랜드, 아일랜드에 프랑스 부르봉 왕조의 백합과 캐나다의 상징인 단풍나무 잎을 새겨 넣어, 프랑스인이 개척한 캐나다를 영국이 지배하게 됐다는 것을 보여 준 것입니다.

캐나다에서 살고 있는 많은 프랑스계 사람들은 이 국기를 무척 싫어했습니다. 캐나다가 영국의 손에 넘어 가면서 새로 유입된 영국계 사람들과 동거하는 것도 불만이었는데, 국기에도 그런 상징을 넣어야 했으니까요.

1963년 캐나다의 수상이 된 레스터 피어슨Lester B. Pearson은 이런 문제를 잘 알고 있었습니다. 그래서 캐나다만의 새로운 국기를 만들어야겠다고 생각합니다.

피어슨 수상은 전 국민을 대상으로 공모전을 실시하기로 마음먹었습니다. 공모전의 열기는 대단했습니다. 캐나다 전역에서 3,500여 개에 달하는 수많은 아이디어들이 쏟아져 나왔습니다.

하지만 그 많은 후보들 가운데에서 하나의 국기를 정하는 것은 쉬운 일이 아니었습니다. 영국계 캐나다인들은 영국 국기인 유니언 잭을 유지해야 한다고 버텼고, 프랑스계 캐나다인들은 프랑스 왕실

을 상징하는 백합 문장을 넣어야 한다고 주장했습니다.

양쪽의 주장을 모두 만족시킬 수는 없었습니다. 해결 방법은 제 3의 상징을 찾는 것이었습니다. 캐나다에 살고 있는 프랑스계 사람들이나 영국계 사람들 모두가 인정할 만한 상징이 필요했습니다.

마침 캐나다에게는 누구나 공감할 만한 상징이 있었습니다. 바로 붉은색의 단풍나무 잎이었죠. 캐나다의 아름답고 풍요로운 자원을 뜻하는 단풍나무 잎은 분열된 국론을 통합할 수 있는 최적의 상징이었습니다.

곰곰이 따지고 보면, 단풍나

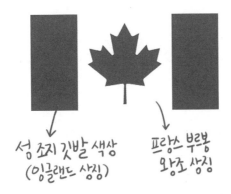

성 조지 깃발 색상
(잉글랜드 상징)

프랑스 부르봉
왕조 상징

무 잎은 사실 프랑스인들이 처음 캐나다에 거주하면서 자신들만의 상징으로 삼았던 것이었습니다. 하지만 지금은 프랑스계, 영국계뿐만 아니라 세계의 다양한 민족들을 아우르는 통합의 상징이 되었습니다.

수에즈 운하 때문에 캐나다 국기가 바뀌었다?

1963년 캐나다의 수상이 된 레스터 피어슨이 새로운 국기를 만들어야겠다는 결심을 굳힌 이유는 수에즈 운하를 둘러싼 전쟁 때문이었습니다.

이집트의 수에즈 운하는 동서를 잇는 중요한 무역로였습니다. 수에즈 운하가 없다면 거대한 아프리카 대륙을 빙 돌아서 가야 하니까요. 이 운하를 놓고 영국과 프랑스 그리고 이스라엘이 한편이 되어 소련과 갈등을 빚게 되었습니다.

제3차 세계 대전이 일어날 수도 있는 긴박한 상황에서 미국이 중재를 하면서 상황이 마무리됩니다. 그리고 수에즈 운하의 평화를 위해 UN에서 평화 유지군을 파견하기로 합니다.

캐나다의 피어슨 수상은 이때 주도적인 역할을 하며 훗날 노벨 평화상까지 받습니다. 그런데 재미있는 사실은 정작 이집트는 캐나다의 평화 유지군 파견을 반대했다는 것입니다. 그 당시 캐나다 국기에는 유니언 잭이 그려져 있었기 때문이었죠. 이집트 입장에서는 캐나다는 중립이 아니라 영국 편이라고 생각할 수밖에 없었습니다.

캐나다에게는 국기를 바꿔야 할 또 다른 이유가 생긴 셈이었습니다.

인류의 역사를 바꾼 삼색기 프랑스

프랑스

프랑스는 유럽 역사의 중심에 서 있는 나라입니다. 수도는 파리, 국토 면적은 약 55만 제곱킬로미터이며 인구는 약 6,600만 명 정도입니다. 예술, 패션 등으로 유명합니다. 세계 최초로 혁명을 통해 절대 왕정에서 민주 공화정으로 이행한 국가답게 자유와 민주주의에 대한 애정이 각별한 나라입니다.

프랑스는 유럽 역사에서 항상 주역으로 활약한 나라입니다. 그래서 프랑스의 역사를 알면 유럽 역사의 큰 줄기를 파악하기 쉽습니다.

골족!

로마인 →

갈리아 땅에 살던 골족

⬇ B.C.50

본래 지금의 프랑스는 갈리아Gallia라고 불리는 땅이었습니다. 이곳에는 켈트족이 살고 있었는데, 로마 사람들은 이들을 골족이라고 불렀다고 합니다. 기원전 50년경 이곳을 정복한 사람이 그 유명한 로마의 카이사르입니다. 카이사르는 《갈리아 전쟁기》를 써서 자신의 업적을 자랑스럽게 남기기도 했죠.

카이사르

로마 제국의 땅

⬇ 로마 제국의 멸망

로마 제국이 멸망한 이후에 이곳을 차지한 것은 게르만족이었습니다. 게르만족의 일파인 프랑크족이 로마 제국의 후계자를 자처하며 왕국을 세우죠. 프랑스라는 이름도 바로 이 프랑크족에서 나온 말입니다.

프랑크 왕국

프랑크 왕국이 곧 프랑스는 아
닙니다. 프랑크 왕국은 전성기 시
절 지금의 북이탈리아와 독일 지
역을 아우르는 광대한 영토를 갖
고 있었지요.

그래서 프랑스와 독일, 이탈리아는 프랑크 왕국의 왕 샤를마뉴
Charlemagne 또는 Carolus Magnus를 대

제大帝라고 부르며, 공통적으로
역사적으로 위대한 인물 중 하나
로 여기고 있습니다.

봉건제에 기반을 둔 중세 유
럽 세계는 끊임없이 국경과 영토
분쟁으로 시달렸습니다. 땅을 더
차지하려는 욕심 때문이었죠. 프
랑스는 동남부에 위치한 부유한

프랑스
역사

독일
역사

이탈리아
역사

★ 샤를마뉴 대제
중요한 인물

부르고뉴 공국과 대립했고, 대륙의 땅을 노리는 영국과도 끊임없이
싸웠습니다.

수많은 전쟁을 겪으면서 프랑스의 왕은 중요한 사실을 깨닫게 되
었습니다. 왕국의 평화를 위해서는 강력한 왕권과 상비군이 있어야

한다는 것입니다. 14세기경 시작되
어 무려 100년 동안이나 계속된 영
국과의 전쟁, 백 년 전쟁1337~1453은
이러한 생각을 더욱 굳게 뒷받침해
주었습니다.

백 년 전쟁 당시 프랑스는 거의
패배할 뻔 했습니다. 프랑스 왕에게 충성해야 할 부르고뉴 공국이
오히려 적국인 영국과 손을 맞잡고 프랑스를 공격했거든요.

홀연히 나타난 성녀 잔 다르크Jeanne d'Arc 덕택에 프랑스는 겨우겨

우 영국을 물리쳤습니다. 하지만 100년 동안이나 전쟁을 겪으면서 프랑스의 농지들은 완전히 황폐화됐죠. 따라서 땅을 기반으로 힘을 키웠던 봉건 영주나 귀족들의 힘도 약해질 수밖에 없었습니다.

이런 상황은 프랑스 왕에게는 오히려 왕권을 강화할 수 있는 기회였습니다. 프랑스 왕은 외세의 침입을 막는다는 구실로 강력하고 거대한 규모의 상비군을 갖춥니다. 점차 봉건 영주들이 가진 군사

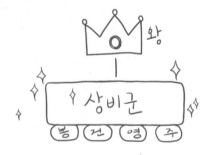

력은 의미를 잃게 되었습니다. 이제 영주들이 왕보다 강한 군사력을 키워 왕을 위협하는 일은 사라졌습니다.

이렇게 실권을 잃은 봉건 영주들은 파리로 들어와 왕 밑에서 일하는 귀족 계급을 이루게 되었습니다. 중세의 봉건제가 점차 해체되기 시작한 것입니다.

프랑스에서는 왕이 국가의 자원과 힘을 독점하는 절대 왕정 체제가 시작되었습니다. 절대 왕정의 상징으로 '태양왕'으로 불렸던 루이 14세는 이렇게 말했다고 하지요.

"짐이 곧 국가다"

사실상 왕도 영주들의 눈치를 봐야만 했던 봉건제 시절이라면 상상하기 힘든 말이었습니다.

중세부터 절대 왕정 시대까지 왕을 제외한 프랑스 사회는 크게 세 가지의 신분 계급

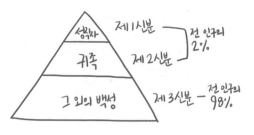

→ 일반 평인

으로 구성되어 있었습니다.

첫째는 성직자, 둘째는 귀족 그리고 세 번째는 성직자와 귀족을 제외한 프랑스 왕국의 백성들이었습니다.

사실 성직자와 귀족 신분에 속한 사람들은 전 국민의 2퍼센트도 안 되는 숫자였지만, 나머지 98퍼센트의 백성들을 착취하며 호화로운 삶을 누립니다.

그런데 18세기경 뜻밖의 사건이 터집니다. 저 멀리 아메리카 대륙에 있는 영국의 식민지가 영국으로부터 독립하기 위한 전쟁을 벌이게 된 것이죠. 영국과 항상 대립했던 프랑스는 당연히 아메리카 대륙 식민지를 적극적으로 돕게 됩니다. 바로 앞의 〈캐나다〉 편을 떠올려 보세요.

아메리카 대륙의 식민지는 프랑스의 도움에 힘입어 영국으로부터 독립하는 데 성공하지만, 프랑스는 이득은커녕 큰 손실을 봅니

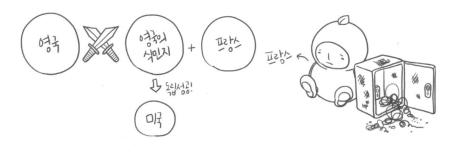

다. 이 전쟁에 막대한 자금이 소요되었거든요. 프랑스는 괜히 남의
집안 싸움에 끼어들어서 코만 깨지고 치료비 한 푼 못 건진 셈이
었죠. 여기에 엎친 데 덮친 격으로 대기근까지 일어나는 바람에 프
랑스의 국가 재정은 완전히 바닥나 버립니다.

결국 당시 프랑스의 왕이었던 루이 16세Louis XVI는 세 신분의 대표
들이 참여하는 삼부회를 개최합니다. 세

금을 더 걷고 싶으니 합의해 달라는 거
였죠. 아무리 왕이라도 세금을 마음대로
걷으면 나라가 뒤집힐 수도 있는 일이었
거든요. 그래서 성직자와 귀족 그리고 3
신분이 속속 파리에 모여들게 됩니다.

삼부회를 위해 파리에 모인 제3신분
대표자들은 귀족과 성직자 들이 못마땅
했습니다. 당시에는 상공업이 발달하면

서 자수성가한 부르주아들이 3신분을 대표하고 있었습니다. 이들
은 권리만 누릴 뿐 무능하기 짝이 없는 성직자와 귀족 들이 프랑스
의 위기를 불러온 장본인이라고 생각했습니다. 이들은 자신들이 가
진 불만을 삼부회를 통해 알리고 싶어했죠.

하지만 성직자와 귀족 들은 3신분의 불만에는 전혀 관심이 없었
습니다. 오히려 3신분이 천하다며 회의에 참석한 것 자체를 불쾌하
게 생각했지요.

결국 3신분들은 직접적인 행동에 나서게 됩니다. 오랜 세월 동안
성직자와 귀족 들에게 착취당하며 불만을 갖고 있던 민중들을 이끌

1789 프랑스 대혁명

고 혁명에 나서게 된 것입니다. 바로 1789년 '프랑스 대혁명'이 시작된 것입니다. 시민들은 '모든 인간은 자유롭고 평등한 권리를 갖고 태어났다'고 주장하며 귀족과 성직자의 특권 폐지를 요구했습니다. 파리의 시민군을 중심으로 혁명은 전국적으로 퍼져 나가기 시작했습니다. 이른바 구시대의 잔재, '앙시앵 레짐Ancien Régime'을 철폐하자는 주장을 외치면서 말이지요.

프랑스 혁명을 지지하는 시민군들에게는 서로를 알아볼 수 있는 표식이 필요했습니다. 사람들은 프랑스 혁명의 지도자 중 한 사람이었던 라파예트Marquis de Lafayette 장군에게 의견을 구합니다.

라파예트 장군은 프랑스 혁명이 과열되어 지나친 폭력과 사상자를 낳지 않을까 우려했습니다. 그래서 이런 제안을 합니다. 파리의

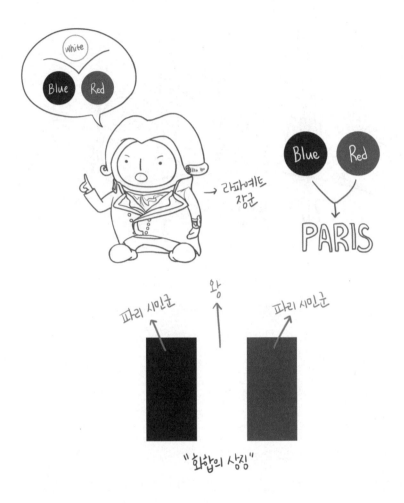

상징인 붉은색과 푸른색 사이에 전통적으로 프랑스 왕실을 상징하는 흰색을 추가하자는 것이었죠.

붉은색과 푸른색은 14세기부터 파리를 상징하는 색깔이었습니다. 파리 시의 관공서 문장이나 민병대는 모두 붉은색과 푸른색으로 꾸며져 있었습니다.

흰색은 옛날부터 부르봉 왕가가 사용하던 색깔이었습니다. 하얀색 바탕에 황금색 백합 무늬가 바로 부르봉 왕가의 상징이었습니다.

파리 시민군의 색 안에 왕의 색인 흰색을 넣음으로써 성직자와 귀족에게 눈과 귀가 가려져 있던 왕을 보필하여 화합된 프랑스를 만들겠다는 뜻이었겠지요.

하지만 이런 노력에도 프랑스 혁명은 점차 과열되기 시작했습니다. 정권을 잡은 로베스피에르와 같은 급진파는 혁명에 반대하는 이들을 무자비하게 처형하기 시작했습니다.

심지어 국왕 루이 16세마저 국외로 도주를 시도하다 시민군에게 잡히게 되었고, 곧 단두대의 이슬로 사라졌습니다.

왕이 사라지면서 프랑스 혁명은 신분이 높은 사람이 낮은 사람을 지배하고 착취하는 세상이 무너졌음을 상징적으로 보여 주었습니다. 대신

프랑스 혁명 때 만들어진 단두대 '기요탱'. 원래는 교수형이나 도끼보다 더 인도적인 사형 집행을 위해 만들어진 도구였습니다. 그러나 혁명 때 수많은 사람들이 기요탱으로 처형당하면서 악명을 떨치게 됩니다.
© shutterstock

에 프랑스 혁명은 인간은 모두 자유롭고 평등하다는 정신을 세상에 퍼뜨렸습니다. 소수의 특권층을 위해 다수의 백성들이 착취당했던 낡은 질서, '앙시앵 레짐'은 완전히 산산조각이 난, 옛것이 되어 버렸지요.

이후 사람들은 프랑스 혁명을 새로운 시대가 시작되는 계기로 여기게 되었습니다. 자유와 평등의 시대라는 의미입니다. 그리고 프랑스 혁명 때부터 나부꼈던 삼색기는 바로 그 혁명을 상징하는 것으로 생각했습니다.

그래서 사람들은 삼색기의 세 가지 색깔에 하나씩 이름을 붙였습니다. 파란색에는 푸른 하늘을 날아갈 것 같은 '자유', 하얀색에는 아무런 차이가 없음을 나타내는 '평등'을 붙였지요. 그리고 붉은색

자유, 평등을 상징

프랑스 혁명
= 새로운 시대가 시작되는 시기

자유, 평등, 박애

에는 모든 인류의 행복을 위해 흘린 피를 상징하며 '박애'라 이름 지었습니다. 프랑스 혁명이 남긴 정신들을 고스란히 삼색기에 담고자 한 것입니다.

프랑스 혁명이 만든 **삼색기의 영향**

삼색기의 영향

이탈리아, 벨기에, 루마니아 등 유럽의 많은 국가들이 프랑스 국기와 비슷한 삼색으로 이루어진 국기를 가지고 있습니다. 뿐만 아니라 세네갈, 말리, 코트디부아르 같은 아프리카의 국가들도 삼색기를 국기로 사용하고 있지요. 이 삼색기들은 대부분 프랑스 국기로부터 영향을 받았습니다. 어떠한 이유로 이들이 프랑스 국기와 비슷한 삼색기를 채택한 것일까요?

프랑스에서 일어난 혁명은 전 세계를 뒤흔들었습니다. 모든 인간은 자유롭고 평등하다는 프랑스 혁명의 정신은 사람들의 가슴에 불꽃을 일게 만들었습니다.

하지만 모든 사람들이 혁명을 환영한 것은 아닙니다. 프랑스인들이 루이 16세를 처형하자 전제 왕권과 봉건 체제가 무너질 것을 걱정한 각국의 왕족과 귀족 들은 두려움에 빠져들었습니다. 오랫동안 자신들이 누려왔던 특권이 사라질까 두려웠던 것이죠.

결국 프랑스 혁명의 영향을 두려워한 유럽의 여러 나라들은 프랑스에 선전 포고를 합니다. 프랑스를 제압해서 '정상'인 상태로 되돌려놓겠다는 명분이었죠. 결국 프랑스는 기나긴 전쟁의 소용돌이 속으로 빠져들고 말았습니다.

프랑스 혁명 세력

오스트리아, 프로이센,
영국, 러시아, 프랑스 왕당파

나폴레옹 보나파르트
(Napoléon Bonaparte, 1769~1821)

　그동안 프랑스는 루이 16세를 처형하고 공화국이 세워졌다가, 다시 왕정으로 복고되는 등 정치적으로 어려운 나날을 보내게 됩니다. 이렇게 혼란한 시기에 등장한 사람이 바로 나폴레옹 보나파르트 Napoléon Bonaparte 입니다. 빼어난 정치력과 군사적 재능을 갖춘 나폴레옹은 순식간에 프랑스 정국을 장악하고 프랑스를 공격하는 외세를 파죽지세로 물리쳤지요.

　나폴레옹은 곧 프랑스의 영웅으로 떠올랐습니다. 프랑스 혁명을 지지하던 유럽의 많은 사람들도 나폴레옹을 프랑스 혁명 정신의 수호자로 여기면서 환영했습니다.

　독일의 철학자 헤겔 Georg Wilhelm Friedrich Hegel 은 나폴레옹이 프로이

독일 철학자 헤겔

센을 격파하고 베를린에 입성하는 모습을 보고 "저기 절대정신이 간다!"라고 말했을 정도라고 하니까요.

하지만 나폴레옹은 사람들을 크게 실망시키고 맙니다. 1804년 스스로가 황제의 관을 씀으로써 또 하나의 왕이 되었거든요. 프랑스 혁명의 이념을 지지했던 사람들은 나폴레옹의 이러한 변절에 큰 배신감을 느낍니다.

베토벤Ludwig van Beethoven이 대표적인 경우입니다. 나폴레옹을 진심으로 존경했던 베토벤은 그에게 교향곡 제3번을 헌정했지요. 베토벤은 이렇게 생각했습니다. '나는 나폴레옹과 마찬가지로 독재에

베토벤

반대한다. 그는 가난한 사람들의 영웅이다!'라고요. 그래서 베토벤의 교향곡 제3번은 흔히 〈영웅〉 교향곡으로 불립니다.

그러나 나폴레옹이 황제에 즉위하자, 베토벤은 크게 실망합니다. 그는 '나폴레옹에게 헌정함'이라고 쓰여 있던 교향곡의 맨 앞 페이지를 찢어 버렸습니다. 대신에 '위대했던 사람을 추억하기 위한 교향곡'이라고 고쳐 썼지요.

베토벤 교향곡 제3번, '영웅(Eroica)'

나폴레옹이 군주정 체제를 세우면서 다시 예전으로 돌아가려 했지만, 프랑스 혁명이 세계에 미친 영향은 결코 사라지지 않았습니다. 혁명이 전파된 이후 사람들은 국가가 왕 한 사람이나 소수 귀족의 소유물이 아니라는 사실을 깨달았습니다. 대신에 국민이야말로 진짜 국가의 주인이라는 사실을 자각했습니다.

이렇게 탄생한 새로운 국가들은 더 이상 왕이나 귀족을 국가의 상징으로 삼지 않았습니다. 그 대신 프랑스 혁명 때 나부낀 삼색기에서 영감을 얻어 자신들의 국가를 상징하는 국기를 만들게 됩니다.

대표적으로 벨기에, 이탈리아, 루마니아, 아일랜드 등의 국기가 프랑스 삼색기의 영향으로 만들어진 국기들입니다. 색깔만큼은 자신들이 전통적으로 사용하던 색깔을 이

18~19C
국민 국가 출현

내가 국민!

→국민

국가

이탈리아

벨기에

루마니아

아일랜드

용했지만, 모두 프랑스의 삼색기에서 모티프를 얻어 자유와 평등의 정신을 기리고 있습니다.

한편 말리나 코트디부아르, 세네갈 역시 삼색기를 사용합니다. 이들 국가들은 한때 프랑스의 식민지였기 때문에 영향을 받게 된 것입니다. 프랑스 식민지 시절 삼색기를 자신들의 국기로 사용했던 이들 국가들은 해방 후에도 비슷한 형태의 국기를 제정하여 사용하고 있답니다.

말리

코트디부아르

세네갈

'통일 이탈리아'를 위하여 **이탈리아**

이탈리아

남유럽에 위치한 반도 국가로 나라의 모양이 마치 장화처럼 생겼습니다. 지중해를 발판으로 찬란했던 고대 유럽 문화를 발전시켰으며, 르네상스가 시작된 나라이기도 합니다. 수도는 로마, 국토 면적은 약 30만 제곱킬로미터이며 인구는 약 6,000만 명입니다. 이탈리아 사람들은 인생을 즐기며, 낙천적인 국민성을 가진 것으로 유명합니다.

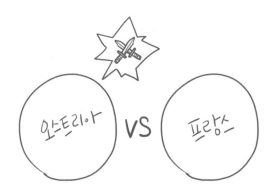

프랑스 혁명이 전파될 것을 두려워한 오스트리아는 프랑스에 전쟁을 선포합니다. 하지만 강력한 군사력을 바탕으로 혁명 시기 프랑스를 장악한 전쟁의 천재 나폴레옹은 순식간에 오스트리아를 쳐부수고 오스트리아가 지배하고 있던 영토들을 해방시키기 시작합니다.

일찌감치 프랑스 혁명 소식을 듣고 그 정신에 크게 공감하던 이탈리아 사람들은 열광합니다. 당시 이탈리아 북부는 오스트리아가, 이탈리아 남부의 나폴리와 시칠리아 섬은 스페인계 부르봉 왕가가 지배하고 있었거든요.

자유와 평등의 정신 그리고 국가는 왕이나 귀족의 소유물이 아니라 국민의 것이라는 생각은 이탈리아인들에게 큰 귀감이 되었고, 곳곳에서 통일된 이탈리아를 만들기 위한 움직임이 시작되었습니다.

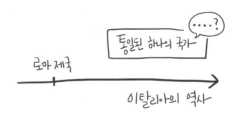

로마 제국

통일된 하나의 국가 ....?

이탈리아의 역사

그들은 프랑스 혁명의 정신을 받아들이면서도, 프랑스의 통치가 아닌 이탈리아 민족이 스스로 다스리는 나라를 꿈꾸었습니다. 사실 이탈리아는 로마 제국 이후 하나로 통일된 적이 없었습니다.

중세 시대 이탈리아는 그야말로 갈기갈기 찢어져 있었습니다. 이탈리아 북부에는 베네치아, 제노바, 밀라노, 피렌체와 같은 부유한

도시 국가로 발전
ex) 베네치아, 제노바, 밀라노, 피렌체

북부 이탈리아

교황령

남부 이탈리아

독자적인 왕국으로 발전
ex) 나폴리, 시칠리아

- 유럽 세계의 모국과도 같은 존재
- 로마 세계의 중심지
- 기독교의 본산

도시 국가들이, 중부에는 교황령이 자리를 잡습니다. 이탈리아 남부에는 나폴리나 시칠리아 같은 독자적인 왕국이 발전하지요.

하지만 이탈리아는 유럽 세계에게 있어서 모국과도 같은 존재였습니다. 유럽 문화의 기반이 되는 로마 제국의 중심지였기 때문이죠. 게다가 로마가 위치한 이탈리아는 기독교의 본산이기도 했습니다.

이러한 이유로 중세 내내 이탈리아는 프랑스의 발루아 가문이나 오스트리아의 합스부르크 가문과 같은 유럽의 강호

프랑스
발루아 가문

오스트리아
합스부르크 가문

이탈리아

들이 호시탐탐 노리는 지역이었습니다.

프랑스 혁명이 일어나기 직전이었던 18세기경에도 이탈리아의 상황은 다르지 않았습니다. 하지만 프랑스 혁명 이후 이탈리아인들은 외세를 몰아내고 이탈리아인들만의 통일된 국가를 세우자는 목소리가 높아집니다.

나폴레옹 덕분에 잠시나마 오스트리아의 통치에서 벗어날 수 있었던 이탈리아는 나폴레옹의 몰락 후 다시 오스트리아의 지배를 받

1814 빈 회의

게 됩니다. 나폴레옹을 몰아낸 유럽의 귀족 세력들은 1814년 오스트리아 빈에서 모여 유럽을 프랑스 혁명 이전의 상태로 되돌리자고 뜻을 모았기 때문입니다. 이 회의에서 이탈리아는 다시 오스트리아의 손에 돌아가는 것으로 결정났던 것이지요.

하지만 한 번 깨진 병은 다시 붙여도 금이 남기 마련입니다. 이미 이탈리아에는 프랑스 혁명의 정신이 널리 퍼져 있었지요. 이탈리아 독립을 위한 투쟁은 꺼질 줄 몰랐습니다. 결국 이탈리아는 1870년 그들을 괴롭히던 외국 세력을 물리치고 꿈에도 그리던 통일 이탈리아를 건설하는 데 성공합니다.

이탈리아 국기를 보면, 프랑스 혁명이 이탈리아의 독립과 통일에 미친 영향을 잘 알 수 있습니다. 이탈리아의 국기는 프랑스 국기의

푸른색을 초록색으로 바꾼 것 말고는 동일한 모양입니다. 그만큼 프랑스 혁명의 정신이 이탈리아 국기에도 스며 있는 것이지요.

녹색과 흰색, 붉은색으로 이루어져 있는 이탈리아 국기의 색깔과 관련된 재미있는 에피소드가 한 가지 있습니다.

피자의 필수 요소라면 붉은 토마토와 하얀 치즈, 녹색 야채라고 할 수 있습니다. 이런 요소를 갖춘 전형적인 형태의 피자는 '마르게리타 피자'라고 불립니다. 마르게리타 피자는 가장 인기 있는 이탈리아 정통 피자 중 하나입니다.

이 마르게리타는 19세기 이탈리아의 왕이었던 움베르토 1세

마르게리타 피자

→ 마르게리타 왕비

Umberto I의 부인 마르게리타Margherita 왕

비의 이름에서 유래했다고 합니다.

어느 날 마르게리타 왕비는 움베르토

왕과 함께 나폴리를 방문합니다. 국왕 내

외는 어떤 조그마한 레스토랑에 들어가

서 밥을 먹기로 했지요.

뜻하지 않게 국왕 내외를 맞이한 주방장은 기발한 생각을 떠올렸습

니다. 자신의 애국심을 요리로 보여 줄 수 있는 방법이 생각난 겁니다.

그 아이디어는 바로 피자로 이탈리아 국기를 표현하는 것이었습니

다. 주방장은 토마토로 적색을 표현하고, 모차렐라 치즈로는 백색

을, 마지막으로 바질로 녹색 포인트를 주었습니다.

마르게리타 왕비와 움베르토 왕은 요리사의 애국심이 듬뿍 담긴

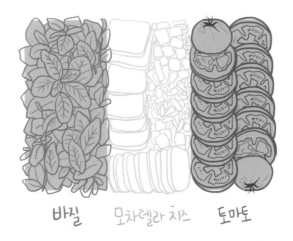

바질 모차렐라 치즈 토마토

피자를 감동하며 맛있게 먹었다고 합니다. 그 후 주방장은 이 피자
에 왕비의 이름을 따 마르게리타라는 이름을 붙였다고 합니다.

자유와 개척의 상징 **미국**

미국

미국은 50개의 주로 이루어져 있는 연방 국가입니다. 문화, 경제, 군사 면에서 전 세계에 가장 큰 영향력을 미치는 초강대국입니다. 면적 982만 제곱킬로미터, 인구는 약 3억 2,000만 명이고, 경제, 군사, 영향력 등 모든 면에서 거대한 규모를 자랑하지요. 수도는 워싱턴 D.C.입니다.

미국의 역사는 원주민들이 살고 있던 아메리카 대륙에 영국인들이 대서양을 건너와 식민지를 건설하면서 시작되었습니다. 이후 세계 곳곳에서 수많은 이민자들이 이주해 왔고, 그 덕택에 미국은 전 세계의 다양한 문화들이 공존하고 혼합되며 독특한 문화를 가진 나라가 됐습니다.

국기는 한 번 만들어지고 나면 쉽게 바뀌지 않습니다. 누구나 알아볼 수 있어야 하는 상징이니까 당연한 일입니다. 하지만 국기가 만들어질 때 국기에 담은 의미 때문에 모양을 바꿔야 하는 국기도 있습니다.

미국이 그런 경우입니다. 연방국가인 미국은 현재 50개의 주가 모여서 이루어진 나라입니다.

미국의 국기는 '성조기'라고 부릅니다. 별과 줄무늬로 이루어져 있다는 뜻입니다. 영어로도 성조기는 'The Stars and Stripes'라고

성조기
星條旗 / The Stars and Stripes
별 가지/솔

부릅니다.

별의 개수는 미국을 이루고 있는 주들의 숫자와 일치합니다. 50 개 주니까 별도 50개가 그려져 있지요. 그렇다면 붉은색과 흰색으로 이루어진 줄무늬는 무엇을 상징하고 있을까요? 그것은 바로 미국이 영국으로부터 처음 독립했을 때의 주를 의미합니다. 줄무늬의 개수는 총 13개입니다. 즉 처음 독립했을 때 미국은 13개의 주에서 시작했다는 것을 국기에 새겨 넣은 것입니다.

이 줄무늬에는 나름 역사도 있습니다. 미국이 영국의 식민지였던 시기에는 아래와 같은 깃발을 사용했거든요. 영국의 '동인도회사' 가 사용하던 깃발이었죠. 이 국기에서도 줄무늬가 13개인 것을 확인할 수 있습니다. 이 개수는 아메리카 대륙의 영국 식민지 13개 주를 의미한다는 것을 쉽게 알 수 있습니다.

그렇다면 미국은 언제부터 성조기를 국기로 사용하게 된 것일까요? 즉 언제부터 국기에 '별'을 넣기 시작한 것일까요?

그 시기는 18세기로 거슬러 올라갑니다. 대서양을 건너 북아메리카 대륙의 동부에 자리 잡은 영국령 식민지 사람들은 처음에는 낯선 환경 속에서 어려움이 많았습니다. 그러나 곧 영국령 식민지들은 아메리카 대륙에 성공적으로 안착합니다. 18세기가 되자 아래 지도처럼 식민지의 숫자도 13개의 주로 늘어났고, 인구나 경제 규모도 영국 정부가 감당하기 어려울 정도로 발전하게 되었죠.

　그러던 와중에 영국은 북아메리카에서 프랑스와 부딪히게 됩니다. 두 나라는 식민지를 넓혀 가면서 세계 곳곳에서 경쟁하고 있었는데 북아메리카에서도 예외는 아니었던 거죠. 누가 북아메리카의 주도권을 쥘지를 두고 신경전을 벌이다 결국 전쟁에까지 이르게 된 겁니다. 이 전쟁은 17세기 말부터 18세기 중반까지 거의 100년 동안 간헐적으로 이어집니다.

　영국의 식민지들은 본국인 영국의 편에서 전쟁을 도왔고, 전쟁도 영국의 승리로 끝납니다. 그런데 막상 전쟁이 끝나자 둘 사이의 관계가 불편해집니다.

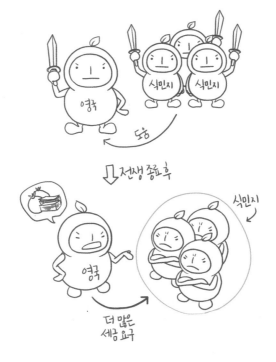

왜냐하면 영국 정부는 막대한 규모의 전쟁 비용을 메우기 위해
식민지에 더 많은 세금을 요구했거든요. 설탕, 차茶, 심지어 종이에
까지 인지를 붙여 세금을 물게 하는 정책이 등장하자 아메리카 대

륙의 식민지 주민들은 분노했
습니다. 전쟁을 열심히 도왔더
니, 포상은커녕 숨을 쉰다는
이유로도 세금을 물릴 것 같은
분위기가 됐으니까요.

식민지에 살고 있던 사람들은 분노했습니다. 이러한 결정은 자신들이 참여하지도 못한 영국 의회에서 결정됐기 때문입니다. 식민지 사람들은 식민지에 살고 있다는 이유만으로 영국 의회에 대표를 파견하지 못했거든요.

이때 등장한 말이 바로 '대표 없이 과세 없다!'는 말입니다. 의회에서 자신들에게 영향을 미치는 정책을 결정할 때 자신들이 참여하지 못하는 것도 불공평한 일인데, 세금까지 마음대로 징수한다는 것은 말이 안 된다는 것이지요.

결국 '보스턴 차 사건'이 터지면서 영국과 북아메리카 식민지의 관계는 돌이킬 수 없게 됩니다. 영국의 식민지 정책에 불만을 가진 사

1775, 미국의 독립 전쟁

람들이 보스턴에 정박해 있던 영국 동인도회사의 배를 습격해서 실려 있던 차를 바다에 버린 사건이 '보스턴 차 사건'입니다. 배를 습격한 사람들은 정체를 숨기려고 인디언 복장을 하고 있었다고 합니다.

이 사건을 계기로 영국과 북아메리카 식민지는 전쟁에 돌입했습니다. 그때가 1775년, 세계사를 바꿀 미국의 독립 전쟁이 시작된 것입니다.

아메리카 식민지 연합군이 영국을 상대로 승리를 거둔다는 것은 쉬운 일이 아니었습니다. 당시 영국은 세계 최강대국이었고, 식민지 연합군에겐 제대로 된 군대나 무기도 없었거든요.

하지만 프랑스와 스페인이 식민지 편을 들면서 전세가 역전되었습니다. 한 번 영국에게 쓴맛을 본 프랑스, 세계 강대국의 자리를 다시 한 번 노리는 스페인에게 승승장구하던 영국은 눈엣가시였으니까요.

다른 나라의 도움에 힘입은 아메리카 대륙은 전쟁의 주도권을 쥡니다. 결국 워싱턴 장군이 이끄는 아메리카 대륙의 식민지 연합군

은 영국을 몰아내고 독립을 쟁취합니다. 이렇게 미국이 탄생하게
되었습니다.

미국을 건설한 아메리카 식민지 연합은 영국 국기가 그려져 있던
기존의 국기를 바꾸기로 했습니다. 유니언 잭을 지워 버리고, 그 자
리에 독립 전쟁에 참가한 13개의 주를 상징하는 별을 채우기로 한
것이죠.

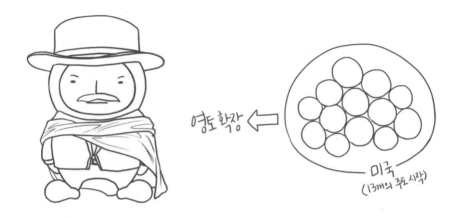

영토 확장 ←

미국
(13개의 주로 시작)

　영국에서 독립한 미국은 점차 인구가 늘었고, 동쪽에서 서쪽으로
점차 영토를 넓혀 나갑니다. '서부 개척 시대'가 시작된 것입니다.
우리가 흔히 보는 '서부 영화'라는 장르는 바로 이때가 배경인 영화
입니다. 그때마다 주가 하나씩 건설되었고, 그 주는 연방에 포함되
었습니다.

HAWAII

1959, 50번째 주

　그렇게 서쪽으로 영토를 넓
히던 미국은 1959년, 태평양
한가운데에 위치한 하와이를
정식으로 연방에 편입하면서
지금처럼 50개의 주로 이루어
진 나라가 되었습니다. 하와이
가 정식으로 미국의 일원이 됨

에 따라 성조기의 별은 50개를 채우게 되었지요.

사실 처음에는 하나의 주가 추가될 때마다 줄무늬도 하나씩 추가했다고 합니다. 하지만 줄이 20개쯤 되자 너무 어지럽게 보였겠죠? 그래서 줄무늬 숫자를 원래대로 13개로 되돌리면서, 미국 건설의 시초가 된 최초의 주라는 의미를 남겼다고 합니다.

그런데 미국 국기는 앞으로도 그대로일까요? 그렇지는 않습니다. 미국의 51번째 주가 될 수도 있는 곳이 남아 있기 때문이죠. 미국 플로리다 주의 앞바다인 카리브해에 위치한 푸에르토리코Puerto Rico가

푸에르토리코
(Puerto Rico)

푸에르토리코
부유한 항구(스페인어)

그 주인공입니다.

푸에르토리코는 쿠바와 도미니카 공화국 옆에 있는 미국 소유의 자치령입니다. 스페인 말로 '부유한 항구'라는 이름인 푸에르토리코는 미국-스페인 전쟁 이후 미국이 스페인에게 받은 영토이지만 미국과는 별개의 독립국으로서 지위를 인정받고 있습니다.

그렇지만 푸에르토리코는 역사적, 지리적으로 미국과 밀접한 관계를 가졌기 때문에 미국의 새로운 주로 편입될 가능성이 높은 곳입니다. 결국 2012년 주민 투표에서는 미국의 51번째 주로 편입되고자 하는 안이 통과되기까지 했죠.

이제 남은 절차는 의회의 승인 그리고 미국 대통령의 추인뿐이었습니다. 그렇지만 무슨 이유인지 절차가 자꾸만 미뤄지고 있네요.

푸에르토리코가 과연 51번째 주가 될 수 있을지는 잘 모르겠지

만, 만약 그렇게 된다면 미국 국기는 또 한 번 바뀌게 됩니다. 그런데 별이 하나 더 늘어난다고 해서 국기가 얼마나 달라 보일지는 모르겠네요.

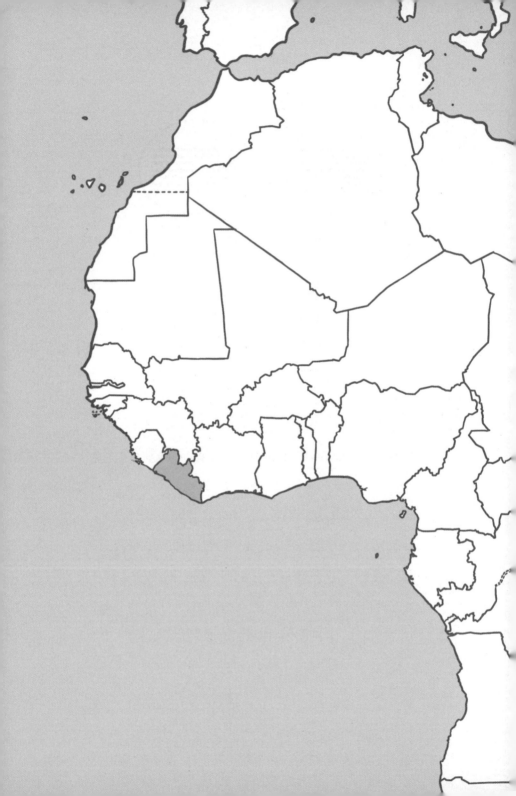

노예 해방이 만든 자유의 땅 **라이베리아**

라이베리아

서아프리카에 위치한 공화국으로 수도는 몬로비아Monrovia
입니다. 미국이 아프리카에 땅을 마련하고, 남북 전쟁 이후
해방된 노예들을 이주시켜 만든 나라입니다. 나라 이름 자
체가 '해방'을 의미합니다. 사용하는 언어도 영어입니다. 면
적은 11만 제곱킬로미터, 인구는 약 415만 명. 작지만 슬픈
역사를 간직한 나라입니다.

아프리카에는 미국과 꼭 닮은 국기를 쓰는 나라가 있습니다. 바로 라이베리아입니다.

라이베리아는 아프리카 서부 해안에 위치한 작은 나라입니다. 시에라리온과 기니, 코트디부아르에 이웃하고 있지요.

라이베리아 국기는 정말 미국의 국기를 그대로 옮겨 놓은 것 같습니다. 차이점이라면 별이 50개가 아니라 단 한 개라는 것이죠.

그런데 대서양을 두고 저 멀리 아메리카와 아프리카 대륙에 위치한 두 나라는 왜 이렇게 꼭 닮은 국기를 가지게 됐을까요?

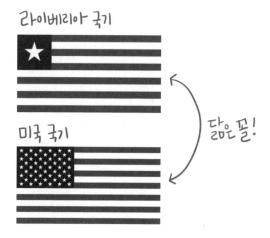

아미스타드호
(스페인 선박)

1839 아미스타드호 사건

   그 이유를 찾기에 앞서 먼저 1839년에 있었던 '아미스타드호 사건'을 살펴봐야 합니다. '아미스타드호 사건'은 미국 전역을 떠들썩하게 만든 사건이었습니다.

   '아미스타드Amistad'는 스페인어로 '우정'이라는 뜻입니다. 거대한 상선이었던 아미스타드호는 누구와도 친구가 될 수 있을 것 같은 이름을 가졌죠. 하지만 아미스타드호에는 우정의 징표 대신 아프리카에서 노예로 쓰기 위해 잡아온 사람들이 타고 있었습니다.

   1839년 겨울, 53명의 아프리카 사람들을 태운 아미스타드호는 쿠바에 잠시 정박했다가 미국으로 출발합니다. 긴 여정을 거쳐 미국의 앞바다인 카리브해까지 오자 선원들의 긴장이 풀렸는지 감시가

소홀해졌습니다. 이를 틈타 아프리카 사람들은 반란을 일으키고 배를 점거하는 데 성공합니다. 이들은 선장에게 한 가지를 요구합니다. 고향인 아프리카로 배를 돌리라는 것이었습니다.

　선장은 알겠노라며 배의 진로를 바꿉니다. 그렇지만 도착한 곳은 아프리카가 아니었습니다. 스페인 선장은 아프리카 사람들을 속이고는 배를 미국의 롱아일랜드 방향으로 돌렸던 것이었죠.

　반란으로 인해 표류하던 배는 결국 아프리카가 아닌 미국에 도착
합니다. 결국 미국 해안을 지키고 있던 경비대가 배를 제압하고 아
프리카 사람들을 체포합니다.

　경비대에게 체포된 사람들은 선원을 해쳤다는 죄목으로 재판을
받습니다. 이 과정에서 노예로 잡혀온 사람들이 '미국 소유'인지 '스
페인 소유'인지가 쟁점이 됩니다. 사람의 소유권이 어디에 있는지
가리다니, 지금은 상상도 할 수 없는 일이지만, 당시에는 노예를 인
간으로 보지 않았기 때문에 가능한 일이었습니다.

　그런데 당시 미국은 노예제 폐지를 놓고 북부와 남부가 심하게
갈등을 빚던 시기였습니다. 이때 아미스타드호 사건이 터지자 미국

노예제 반대　　　　노예제 찬성

전역은 이 재판의 귀추에 주목합니다.

재판을 받게 된 아프리카 사람들은 자신들이 노예가 아님을 주장했습니다. 그러므로 미국의 소유인지 스페인의 소유인지 결정할 이유가 없다는 주장이었죠.

미국의 노예 폐지론자들과 흑인 인권 운동가들은 이러한 주장에 깊은 감명을 받습니다. 결국 기나긴 재판 끝에 아프리카 사람들은 석방되어 자유를 얻었고, 1842년 고국으로 돌아가는 배에 탑니다.

노예로 잡혀 왔다 풀려난 이들이 돌아간 곳이 바로 아프리카의 서부

라이베리아

몬로비아 지역

몬로비아
미국의 제5대 대통령 제임스 먼로에게 경의를 표하기 위해 지은 지명

해안, 지금 라이베리아의 수도인 몬로비아 지역입니다. 이곳은 '미국식민지협회American Colonization Society'가 미국에서 해방된 아프리카 사람들이 살 수 있는 곳을 마련하기 위해 사둔 땅이었습니다.

기독교도들과 남부 지역의 지주들이 만든 단체였던 미국식민지협회는, 노예로 살았던 흑인들이 해방될 경우 미국에서는 살 수 없을 거라고 생각했습니다. 그래서 그들의 고향인 아프리카에 땅을 사 놓았던 것이지요. 1820년대부터 조금씩 해방되기 시작한 아프리카 사람들은 미국식민지협회를 통해 다시 대서양을 건너 몬로비아로 이주했습니다.

하지만 아프리카로 돌아간 이들의 삶은 순탄치 않았습니다. 원래 자신들이 태어나고 자란 땅으로 돌아온 게 아니었고, 대부분의 사람들은 이미 오랜 세대를 거쳐 미국에서 태어나고 자랐기 때문에 낯선 땅에서 적응이 어려웠던 겁니다.

몬로비아 지역

미국 식민지 협회

대서양

게다가 몬로비아 주변 지역에 사는 원주민들의 텃세도 만만치 않았습니다.

아프리카로 돌아온 사람들은 포기하지 않았습니다. 그리고 결국 지금의 라이베리아를 건설하는 데 성공합니다.

아프리카로 돌아온 해방 노예

원주민들

라이베리아. 라틴어로 '자유의 땅'이라는 뜻의 나라 이름처럼 이들은 노예 신분에서 해방되어 스스로를 다스리는 국가를 만들 수

☆ 라이베리아 건설 ☆

Liberia = 자유의 땅, 해방의 땅
자유, 해방   (라틴어)

있는 자유를 얻게 된 것입니다.

　하지만 슬프게도 자유의 땅 라이베리아는 금세 다시 속박의 땅으로 변했습니다. 미국에서 기독교와 서구 문화에 익숙해졌던 아프리카 사람들은 아프리카 원주민들의 삶과 문화를 미개한 것으로 여깁니다. 그들은 자신들을 속박했던 노예제를 부활시켜 아프리카 원주민들을 차별하며 노예로 부리게 됩니다. 스스로 속박의 역사를 다시 시작했던 것입니다.

　결국 이러한 모순은 지금까지도 이어져 라이베리아는 여전히 끊임없는 내전으로 몸살을 앓고 있습니다. 수많은 사람들이 희생되고, 나라의 경제는 곤두박질쳤습니다. 노예제에서 시작된 슬픈 역

사가 '자유의 땅'에 여전히 긴 그림자를 드리우고 있습니다.

오대양에 라이베리아 국적의 배가 많은 이유

바다 위에 떠 있는 배 중에 라이베리아 국적의 배가 가장 많다고 합니다. 끊임없

는 내전 때문에 전 세계에서 가장 가난한 나라에 속하는 라이베리아가 어떻게

가장 많은 배를 보유하게 된 것일까요?

그 이유는 선박에 관한 세금이 가장 싸기 때문이라고 합니다. 세금을 적게 내기

위해 라이베리아 국적 배로 등록하는 경우가 많다고 합니다. 진짜 라이베리아가

소유한 배는 아닌 거죠.

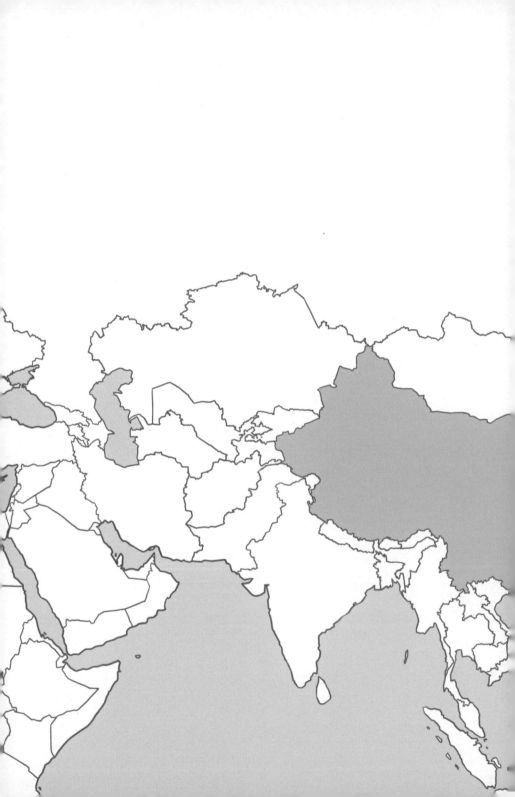

혁 명 의 붉 은 별 **중국**

중국

공식 명칭은 중화인민공화국으로 아시아에 위치한 거대한 국가입니다. 면적이 무려 964만 제곱킬로미터, 인구는 2021년 기준으로 약 14억 명이 넘습니다. 수도는 베이징이고, 중국 공산당이 정치를 독점하는 일당제 국가입니다. 풍부한 인력과 자원을 바탕으로 놀라운 경제 성장률을 보여주고 있으며, 미국 다음 가는 경제 대국입니다.

　1899년 중국의 어느 작은 농촌 마을에서 있었던 일입니다. 농민들이 밭을 가는데 쟁기에 무엇인가 걸렸습니다. 이상해서 땅을 파 보자 거북이의 껍질이나 짐승들의 뼈가 한가득 묻혀 있었다고 합니다.

　농민들은 대수롭지 않게 생각했습니다. 그냥 짐승의 뼈라고 생각했으니까요. 그러나 이 수북한 뼈들 속에 있는 거북이 배딱지를

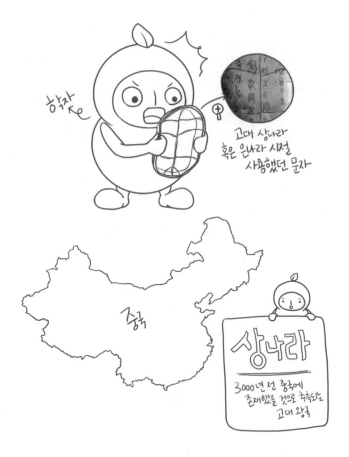

한자▶

고대 상나라
혹은 은나라 시절
사용했던 문자

중국

상나라

3000년 전 중국에
존재했을 것으로 추측되는
고대 왕국

본 학자들은 깜짝 놀랐습니다. 거북이 배딱지에는 지금으로부터 약
3000년 전, 고대 상商나라 시절에 사용했다는 문자가 새겨져 있었
거든요.

은殷나라로도 불리는 상나라는 고대 중국에 존재했다는 나라입
니다. 하지만 사람들은 상나라가 진짜로 있었는지에 대해서는 의문

갑골문

상나라 시절
제사를 지낼 때
사용하던 것
"한자의 원형"

을 품고 있었습니다. 발굴된 증거가 없었거든요. 하지만 갑골문이 발견되면서, 상나라가 정말로 존재했다는 사실이 밝혀진 것입니다.

갑골문은 상나라 시절에 제사를 지낼 때 사용했다고 합니다. 이 문자는 한자의 원형이 됩니다. 상나라에서는 거북이 배딱지와 소의 뼈를 불에 태워 쪼개지는 형상을 통해 점을 쳤다고 합니다.

3000년 전부터 이미 문자를 사용했을 정도로 오래된 역사를 가진 나라가 중국입니다. 이런 자부심 때문인지 나라 이름을 중국中國이라고 지었지요. '세계의 중심'이라는 뜻을 담아서요.

오랜 역사와 거대한 영토를 지닌 중국

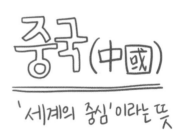

중국(中國)

'세계의 중심'이라는 뜻

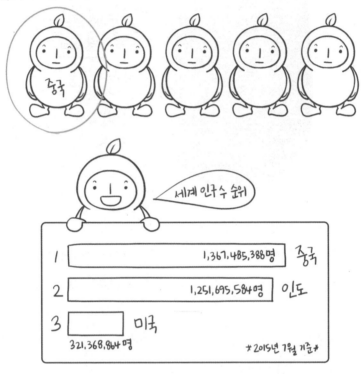

세계 인구의 20%

세계 인구 수 순위

1	1,367,485,388명	중국
2	1,251,695,584명	인도
3	321,368,864명	미국

2015년 7월 기준

인들은 스스로를 자랑스럽게 '세계의 중심'으로 부릅니다.

중국은 세계 인구의 약 20퍼센트를 차지할 정도로 거대합니다. 단지 인구뿐만이 아닙니다. 이렇게 거대한 인구를 바탕으로, 중국은 미국과 더불어 세계 최고의 경제 대국이 되었지요.

고대 중국에는 수천 년간 많은 왕국들이 건설되고 사라져 갔습니다. 이들은 거대한 중국 대륙의 주도권을 놓고 경쟁했지요.

그러던 중 기원전 221년, 한 명의 강력한 왕이 나타나 중국 대륙을 하나의 거대한 제국으로 통일합니다. 이 사람이 바로 진시황제秦始皇帝입니다.

진시황은 현재 중국의 기틀을 세웠습니다. 이후 중국은 여러 나라로 분리된 적도 있었지만, 한 명의 황제를 섬기고 하나의 나라로 통일되어야 한다는 생각이 이때 깃들게 된 것이지요.

중국은 '세계의 중심'이라는 이름만큼이나 다른 나라들에 큰 영향을 미쳤습니다. 특히 동아시아에서 중국은 언제나 맏형 격인 나라였지요.

동아시아 대부분의 나라에서 사용하는 글의 뿌리가 한자로부터 왔다는 사실은 중국의 영향력을 잘 보여 주는 예입니다.

중국의 황제를 상징하는 동물은 동아시아에서 가장 신성한 동

용 = 중국 황제를
상징하는 동물

부유함, 고귀함을 상징

황제의 색

물로 여겨지는 용이었습니다. 중국 황제를 제외하고 다른 나라의 왕들은 감히 용을 상징으로 사용할 수 없었답니다. 중국의 마지막 제국이었던 청나라의 국기에 용의 형상이 들어가 있는 것도 그런 이유 때문입니다.

하지만 1912년 청나라가 멸망하면서 황제가 나라를 다스리는 제도는 공식적으로 사라집니다. 그리고 중국에는 중국 국민이 나라의 주인이 되는 중화민국中華民國이 세워집니다.

이와 함께 중국의 깃발은 황제를 상징하던 깃발에서 중국의 넓은 땅에 사는 다양한 민족을 상징하는 모습으로 바뀝니다. 이때 등장한 것이 바로 오색기입니다.

하지만 드넓은 중국 땅의 주인 노릇을 하던 황제가 사라지자, 중국은 군사력을 장악한 군벌들이 다투는 전쟁터가 되고 맙니다.

오색기

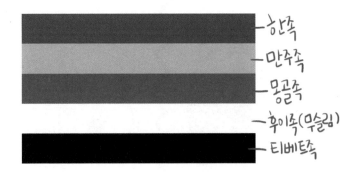

— 한족
— 만주족
— 몽골족
— 후이족(무슬림)
— 티베트족

　중화민국을 건국한 영웅, 쑨원孫文이 이끈 국민당은 공산당과 함께 힘을 모아 이 군벌 세력들을 물리치는 데 성공합니다. 하지만 쑨원이 죽고 국민당을 장악한 장제스蔣介石는 공산당과 사이가 좋지 않았습니다.

　결국 1927년부터 1949년까지 긴 세월 동안 중국 대륙은 국민당과

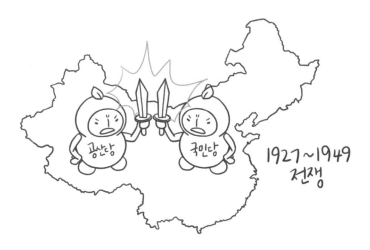

공산당으로 갈라져 전쟁을 벌였고, 결국에는 마오쩌둥毛澤東이 이끄는

공산당이 승리하면서 중국 본토를 차지하게 됩니다. 국민당의 장제스

정부는 어쩔 수 없이 타이완 섬으로 밀려나서 나라를 세우게 됩니다.

이렇게 중국 본토에는 지금의 중화인민공화국中華人民共和國, 타이

중국 본토
중화인민공화국

타이완 성
중화민국

노동자, 농민, 소자산계급, 민족자산계급

중국
공산당

→ 사회주의, 공산주의를 상징

완 섬에는 중화민국이 자리 잡게 된 것입니다.

중화인민공화국은 공산주의 국가답게 붉은색을 국기로 채택하고 있습니다. 붉은색은 오래 전부터 사회주의와 공산주의를 상징하는 혁명의 색깔입니다.

노란색 큰 별은 중국 공산당을 의미합니다. 큰 별을 둘러싸고 있는 네 개의 노란색 별은 각각 노동자, 농민, 소자산계급, 민족자산계급을 의미합니다. 중화인민공화국의 주인은 소수의 자본가가 아니라는 의미입니다. 따라서 중국의 국기에는 나라의 정치적 성향과 방향이 깊게 스며 있습니다.

'오성기'보다 유래가 깊은 '청천백일만지홍기'

중화인민공화국과 중화민국_{중화민국 대신 타이완으로 부르기도 합니다}은 누가 진짜 중국을 계승하는지를 놓고 여전히 대립하고 있습니다.

사실 나라의 크기도 크고 국제적으로 영향력도 큰 중화인민공화국 때문에 타이완은 제대로 나라 대접을 받지도 못하고 있습니다. 중화인민공화국은 중국은 단 하나이며, 타이완 역시 중국의 일부라고 주장하고 있지요.

그래서 타이완은 국기를 가지고 있으면서도 국제 사회에서 제대로 사용하지 못하고 있습니다. 타이완 출신의 한 걸 그룹 멤버가 타이완 깃발을 SNS에 올린 일이 외교 문제로까지 비화될 정도였지요.

하지만 지금의 중화민국, 즉 타이완의 국기는 중화인민공화국이 사용하고 있는 깃발보다 유래가 깊습니다. 그 역사는 19세기 말로 거슬러 올라갑니다.

당시 중국에 민주주의 국가를 세우기 위해 노력했던 쑨원을 비롯한 민족 운동가들은 자신들을 상징할 깃발을 만들었는데, 파란 하늘에 뜬 태양의 모습이었습니다. 바로 이것이 타이완의 국기로 사용되는 '청천백일만지홍기青天白日滿地紅旗'입니다.

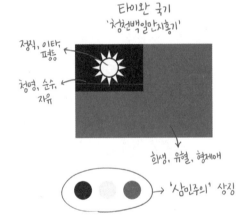

타이완 국기
'청천백일만지홍기'

정직, 이타,
평등

청명, 순수,
자유

희생, 유혈, 형제애

'삼민주의' 상징

푸른 하늘에 뜬 태양으로부터 12개의 빛줄기가 뻗어 나오는 모습은 무엇을 의미할까요? 그것은 민주주의 국가의 주인이 될 국민들이 시계 열 두 바늘이 가리키는 매 시간마다 열심히 공부하고 노력하며 살자는 다짐을 의미한다고 하네요.

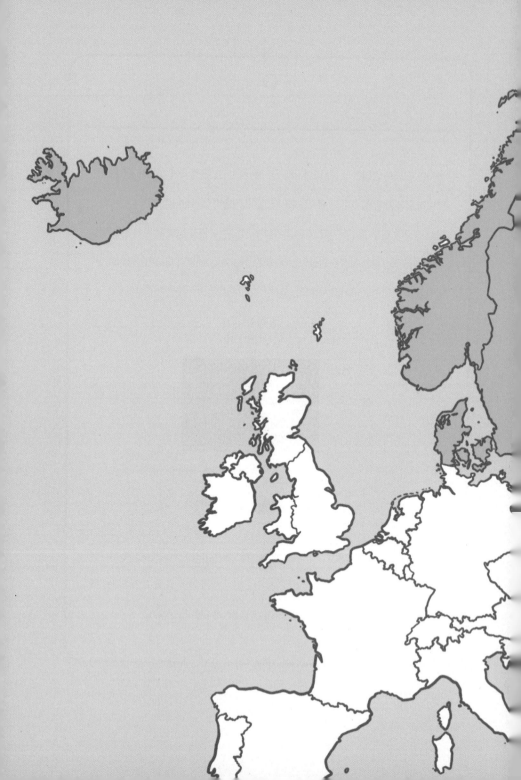

바이킹의 후예

덴마크 & 스칸디나비아

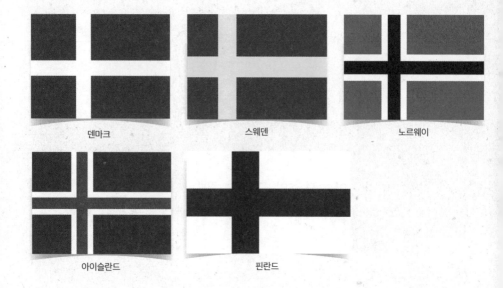

덴마크

스웨덴

노르웨이

아이슬란드

핀란드

덴마크와 스칸디나비아 주변 국가

스칸디나비아 반도와 발트해 주변에는 스웨덴, 노르웨이, 핀란드, 덴마크 그리고 아이슬란드가 있습니다. 스웨덴의 수도는 스톡홀름, 노르웨이의 수도는 오슬로, 핀란드의 수도는 헬싱키, 덴마크의 수도는 코펜하겐이며 아이슬란드의 수도는 레이캬비크입니다. 바이킹의 고향이었던 이들 국가들은 매우 안정된 경제와 정치, 복지를 갖춘 북유럽의 선진국으로 알려져 있습니다.

유럽 국가들은 기독교에 뿌리를 두고 있는 경우가 많습니다. 영국 같은 경우에는 아예 십자가가 국기의 중심 요소입니다. '유럽은 지리적인 실체가 아니라 기독교 공동체를 말한다!'라고 주장하는 사람도 있을 만큼, 유럽에서 기독교가 미치는 영향은 절대적입니다.

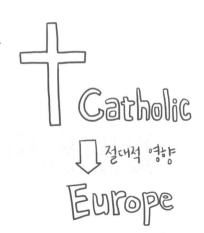

그래서 유럽의 많은 나라들의 국기에는 기독교의 상징인 십자가가 사용되는 경우가 많습니다. 대표적인 경우가 바로 스칸디나비아반도 및 발트해 주변에 위치한 덴마크, 노르웨이, 스웨덴, 핀란드, 아이슬란드입니다. 우리가 북유럽이라고 부르는 곳이죠.

이들 국가들은 우리에게 바이킹Vikings의 고향으로 잘 알려져 있습니다. 바이킹은 8~11세기경 스칸디나비아반도를 중심으로 활동한 민족을 가리킵니다.

바이킹은 유럽이 벌벌 떨 정도로 강력한 전투력을 지닌 잔인한

전사들로 알려져 있지만, 사실과는 조금 다릅니다.

바이킹이 활동할 무렵 유럽은 로마 제국이 분열되고 게르만족과의 전투로 혼란을 겪고 있었습니다. 이럴 때 바이킹들이 남하하자 큰 위협으로 느끼게 된 겁니다.

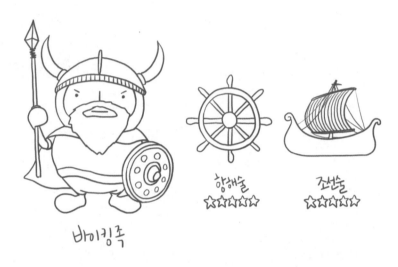

바이킹은 전사들이기도 했지만, 당시 유럽 최고 수준의 항해술과 조선술을 갖춘 민족이었습니다. 이러한 기술을 바탕으로 상업에도 뛰어난 재능을 보였습니다.

이들 바이킹들은 지구의 기온이 급격히 낮아진 8세기경부터 따뜻한 남쪽으로 내려오기 시작했습니다. 사실 바이킹이라는 명칭은 갑작스레 북쪽에서 나타난 북유럽 사람들을 보고 두려움에 떨었던

남쪽 사람들이 이들을 통칭해서
부른 말이었습니다.

북쪽에서 내려온 바이킹이 처
음 눈독을 들인 곳 중 하나가 영
국이었습니다. 바이킹들은 순식
간에 아일랜드와 브리튼 섬을
점령합니다.

브리튼 섬에는 바이킹 중 한 부족인 데인족의 이름을 따 데인로
Danelaw라는 지명이 생길 정도였지요.

10세기경에는 한 무리의 바이킹들이 프랑스 왕으로부터 땅을 하

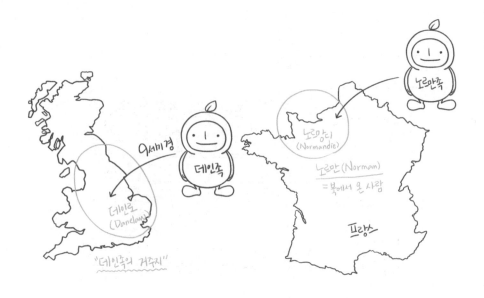

사 받아, 프랑스 북부에 자리를 잡고 노르망디 공국을 세우기도 합니다. 노르망디는 '북쪽에서 온 사람들의 땅'을 일컫는 프랑스 말이지요.

프랑스 왕이 왜 이들에게 땅을 줬냐고요? 끊임없는 침략에 지쳤기 때문이었습니다. 땅을 조금 떼어 줄 테니 말썽 좀 그만 피우고 조용히 지내달라는 뜻이었죠.

이렇게 바이킹은 자연스럽게 유럽 세계의 일원으로 성공적으로 자리 잡게 됩니다.

바이킹들은 영국, 프랑스뿐 아니라 전 세계로 뻗어 나갔습니다. 바이킹의 항해술은 유럽 최고 수준이었으니까요. 이탈리아 남부의 시칠

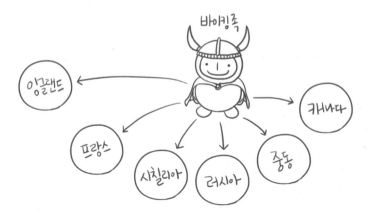

리아, 러시아, 중동, 심지어는 캐나다 지역까지도 진출했다고 합니다.

사실 아메리카 대륙으로 가는 항로를 가장 먼저 발견한 것은 콜럼버스가 아니라 바이킹이었다고 주장하는 사람들도 있습니다. 바이킹은 고기잡이나 벌목을 위해 이미 캐나다 지역을 오갔다고 하니까요.

유럽이 콜럼버스를 통해 아메리카 대륙을 '인지'한 게 1492년이었으니 바이킹들의 항해술이 얼마나 뛰어났는지 짐작이 가시나요?

사실 우리는 바이킹에 대해 잘못 알고 있는 게 많습니다. 바이킹의 상징으로 여기는 뿔이 달린 투구는 전사들의 도구가 아니라 의례용이었습니다.

머리를 기르고 수염을 덥수룩하게 기르지도 않았습니다. 오히려 머리를 짧게 자르고 면도도 했다고 합니다. 물론 면도는 도끼로 했다고 하지만요.

즉 바이킹은 무자비한 전사와는 거리가 있다는 말입니다. 전사라기보다는 뛰어난 조선술 및 항해술로 무장한 탐험가이자 상인이 바이킹의 진정한 모습이었지요.

바이킹족

덴마크

노르웨이

스웨덴

핀란드

아이슬란드

우리가 북유럽이라고 부르는 덴마크, 노르웨이, 스웨덴, 핀란드, 아이슬란드는 모두 바이킹의 후예들이 만든 나라입니다. 이들 나라들은 바이킹의 후예라는 점 말고도 공통점이 하나 더 있습니다. 바로 국기입니다. 이들 다섯 나라의 국기들에는 색깔만 다를 뿐 모두 같은 형태의 십자가 문양이 새겨져 있습니다.

이들 나라 중 큰형님 격인 나라가 덴마크입니다. 덴마크는 무려 1219년부터 붉은 바탕에 흰 십자가가 새겨져 있는 지금의 국기를 사용하기 시작했거든요.

'단네브로Dannebrog', 즉 '덴마크인들의 힘'이라고 불리는 십자가 깃발에는 덴마크의 전설이 얽혀 있습니다.

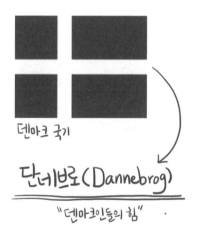

덴마크 국기

단네브로(Dannebrog)

"덴마크인들의 힘"

린다니세
(Lyndanisse)

지금의 탈린 지방
(Tallin)

에스토니아

에스토니아의 린다니
세Lyndanisse, 지금의 탈린 지
방에서 일어난 일입니다.
1219년 용감한 덴마
크의 왕 발데마르 2세
Valdemar II는 기독교를 믿지 않는 에스토니아를 개종시키기 위해 십
자군 원정을 감행합니다.

1219, 에스토니아에 대한 십자군 원정

하지만 에스토니아는 만만한 상대가 아니었습니다. 치열한 전투
가 며칠 밤낮 동안 계속되었고, 양측의 사상자만 늘어갔지요.

덴마크   에스토니아

밀고 밀리는 전투가 벌어지던 그때, 전장이 환히 보이는 언덕 위에서는 덴마크의 주교가 두 팔을 높이 들고 승리를 위한 기도를 올리고 있었습니다.

그런데 신기하게도 기도를 하는 주교의 팔이 높이 올라가면 덴마

크가 에스토니아를 밀어붙이고, 주교가 지쳐서 팔이 조금이라도 내려가면 덴마크가 밀리기를 반복하는 겁니다.

하지만 전투가 계속될수록 덴마크가 점점 더 밀리기 시작합니다. 아마도 주교가 팔이 아파서 더 이상 두 팔을 높이 올릴 수 없었나 봅니다.

주교의 팔이 밑으로 내려갈수록 밀리던 덴마크 군은 결국 에스토니아 군대에 패배할 위기에 빠집니다. 그때 갑자기 하늘에서 무언가가 떨어지기 시작했습니다. 그것들은 깃발이었습니다. 붉은색 넓은 천에 흰 십자가가 그려진 깃발, 그것은 바로 '단네브로'였습니다.

이것을 신의 계시라고 생각한 덴마크 병사들은 승리를 확신합니다. 그리고 다시 힘을 내기 시작했습니다. 결국 사기충천한 덴마크 병사들은 에스토니아 군을 무찌르고 전투에서 승리했다고 합니다.

덴마크 사람들은 이 전투 이후, 승리를 주신 신의 은혜를 기리기 위해 단네브로를 국기로 사용하기 시작했다고 합니다.

사실 그대로 믿기는 어려운 이야기입니다. 단네브로가 교황이 준 선물이었다는 이야기도 있습니다. 십자군 원정을 떠나는 발데마르 2세를 축복하기 위해 교황이 기독교의 상징인 십자가 깃발을 특별히 수여했다는 것이지요. 덴마크가 신의 대리자인 교황이 수여한 깃발을 앞세워 승리했다는 이야기가 뒤따르는 겁니다.

이 이야기들의 공통점은 어쨌든 한 가지입니다. 덴마크 사람들은 자신들이 신의 축복을 받았다고 생각했다는 것입니다.

이 십자가 깃발은 덴마크 주변 국가들에게도 큰 영향을 미쳤습니다. 스웨덴, 노르웨이, 핀란드, 아이슬란드의 국기들이 모두 단네브

단네브로←

→발데마르 2세

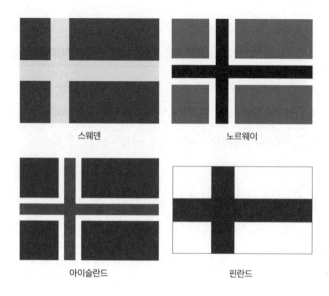

스웨덴

노르웨이

아이슬란드

핀란드

로에서 영감을 받아 만들어졌지요.

스칸디나비아 반도와 발트해 연안의 국가들은 대표적으로 살기 좋은 나라로 잘 알려져 있습니다. 기후는 추운 편이지만 이들 나라들은 국민 소득이 10위권 안에 들어가고, 복지 수준 역시 세계 최고이지요.

예전에는 바이킹 때문에 두려움의 대상이었던 이들 나라들을 지금은 모두가 부러워하며 배워야 할 곳으로 생각하고 있습니다.

이 슬 람 의 초 승 달 **튀르키예**

튀르키예

예부터 아시아와 유럽, 아프리카를 잇는 가교로서 중요한
역할을 담당했던 아나톨리아 반도에 위치한 나라입니다.
수도는 앙카라, 국토 면적은 73만 제곱킬로미터이며 인구
는 약 8,000만 명 정도입니다. 오스만 제국 시절 수도였
던 이스탄불은 과거 동로마제국의 수도였던 콘스탄티노플
이었습니다. 그만큼 오랜 역사와 전통을 가진 나라입니다.
2022년 국명이 터키에서 튀르키예로 바뀌었습니다.

유럽 국가들은 기독교의 상징인 십자가를 나라의 상징으로 삼은 경우가 많습니다. 유럽은 중세 이래로 기독교의 영향력이 컸기 때문에 국기에도 영향을 준 경우가 많았기 때문입니다.

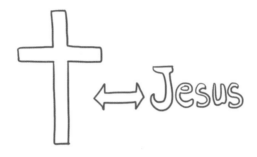

십자가는 잘 알려져 있듯이 기독교에서 가장 중요한 인물인 예수와 관계가 깊습니다. 기독교도들은 십자가에서 예수가 죽음을 당함으로써 인간의 죄가 사라졌다고 믿기 때문이지요. 유럽에 있는 나라들이 십자가를 상징으로 삼는 것은 그리 어색하지 않은 일입니다. 앞서 살펴본 나라 외에도 그리스, 조지아도 국기에 십자가를 새긴 대표적인 국가들입니다.

그리스   조지아

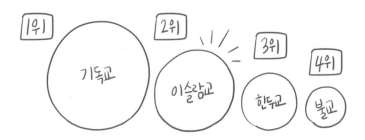

그런데 기독교 다음으로 가장 많은 사람들이 가지고 있는 종교는 무엇일까요? 정답은 바로 이슬람교입니다.

우리가 '중동'이라고 부르는 아라비아반도에서 시작된 이슬람교는 예언자 무함마드Muhammad가 창시한 종교입니다. 지구상에는 약 16억 명 이상의 이슬람교 신자가 있다고 하지요. 전 세계 인구의 거의 4분의 1이 이슬람교를 믿는 셈입니다.

이슬람교가 탄생한 과정은 다음과 같습니다. 610년 무함마드는 메카에 위치한 한 산의 동굴에서 명상에 잠겨 있었습니다. 그러던 어느 날 밤, 천사 가브리엘이 찾아와서 신

무함마드(Muhammad)

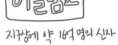

지상에 약 16억 명의 신자

의 말씀을 전해 주었다고 합니다. 이 말씀을 기록한 것이 바로 이슬람교의 경전인 《쿠란》입니다.

가브리엘

무함마드

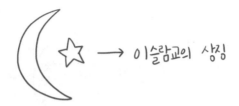

→ 이슬람교의 상징

    천사 가브리엘이 무함마드에게 말씀을 전해 준 날, 밤하늘에는 초승달과 별이 밝게 빛나고 있었습니다. 그래서 이후 이슬람교의 상징은 초승달과 별이 되었습니다.

    이슬람교는 신의 모습이나 이슬람교를 창시한 무함마드도 함부로 묘사해서는 안 된다고 가르치고 있습니다. 그림 자체가 우상이 될까 봐서였지요. 뿐만 아니라 동물이나 사람 등 어떠한 것이라도 우상이 될 만한 것들을 그리거나 조각을 해서는 안 된다고 가르칩니다.

Arab-esque
아라베스크, 아랍적인 것

    그래서 이슬람 문화권에서는 그림이나 조각 대신 식물의 덩굴 같은 무늬를 아름답게 새기는 아라베스크가 발달합니다. 아라베스크 Arab-esque는 '아랍적인 것'이라는 의미입니다. 유럽의 기독교가 성화나 조각에 종교적인 의미를 담아낼 때, 이슬람교는 '아랍적인' 문양

속에 자신들의 특징을 담아냅니다. 직접적으로 신이나 선지자를 묘사할 수 없었기 때문에 이슬람교는 초승달과 달을 그 상징으로 삼아 널리 퍼지게 됩니다.

초승달과 별이 새겨진 국기가 만들어진 것은 13세기 말부터 약 600여 년간 존속했던 오스만 제국 때였습니다. 이 나라를 오스만 튀르크라고도 부르지요.

오스만 제국
(13C 말부터 약 600여년간 존속)

17~18세기경 오스만 제국은 그 영토가 아프리카, 유럽, 아시아 세 대륙 모두에 미칠 정도로 거대한 이슬람 제국을 건설합니다.

오스만 제국이 사용한 국기가 바로 붉은 바탕에 흰색 초승달과 별을 그린 국기입니다. 이 국기를 보면 매우 익숙한 느낌을 받습니다.

맞습니다. 이 오스만 제국의 국기는 지금 튀르키예의 국기와 거의 비슷한 모양을 하고 있으니까요.

오스만 튀르크라는 이름에서 알 수 있듯이 오스만 제국의 중심을 이루던 민족은 튀르크족이었습니다. 지금의 튀르키예 인구의 다수를 이루고 있는 민족이지요.

제1차 세계 대전 당시 오스만 제국은 독일, 오스트리아와 함께 동맹국으로 참전했습니다.

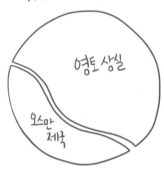

1차 세계 대전 패전국

영토 상실

오스만 제국

하지만 제1차 세계 대전은 동맹국의 패배로 끝이 났고, 오스만 제국은 패전국이 되어 대부분의 영토를 상실합니다.

한때 거대한 제국을 건설했던 오스만 제국의 영광은 패전으로 무너지고 맙니다. 오스만 제국의 국민들은 혼란에 빠졌습니다.

이 시기에 등장한 것이 무스타파 케말 아타튀르크Mustafa Kemal Atatürk 장군입니다. 케말 장군은 자신의 군대는 오스만 제국의 군대가 아니라 '터키 민주공화국'의 군대라고 선언합니다. 터키는 이제 제국이 아니라 공화국이라는 의미였습니다.

무스타파 케말 아타튀르크 장군

그리고 오스만 제국 시절 사용한 초승달과 별이 새겨진 깃발을 조금 고쳐 터키의, 그러니까 지금의 튀르키예의 국기로 삼습니다.

새로운 민주공화국을 건설했지만, 위대했던 오스만 제국의 영광과 이슬람교의 가치를 이어 나가겠다는 튀르키예 국민의 다짐을 국기에 담은 것입니다.

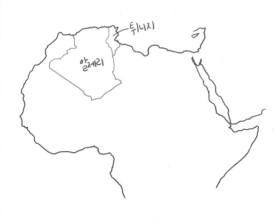

아프리카의 북부에도 초승달과 별이 새겨진 국기를 가진 나라들이 있습니다. 바로 튀니지와 알제리입니다.

이 두 나라 역시 한때는 오스만 제국의 영토였습니다. 따라서 이곳은 일찌감치 이슬람 문화권으로 발전해 왔지요. 오스만 제국이 무너지면서 제국에서 떨어져 나온 이들 국가들은 안타깝게도 유럽의 식민 지배를 받게 됩니다.

하지만 이들 나라들은 다시금 독립에 성공하면서 자신들의 전통

튀니지

알제리

을 찾아올 수 있었습니다.

그 전통을 상징하는 것이 바로 국기 안에 초승달과 별을 그려 넣는 것이었습니다. 튀르키예와 튀니지, 알제리 국기에는 한때 강대했던 오스만 제국의 역사가 새겨져 있는 셈입니다.

신의 말씀을 새기다 **사우디아라비아**

사우디아라비아

아라비아반도의 대부분을 차지하는 이슬람 국가입니다. 인구는 약 3,000만 명 정도이고 수도는 리야드입니다. 이슬람교의 맏형과 같은 역할을 하는 나라입니다. 사우디아라비아에는 이슬람교의 성지인 메카와 메디나가 있어서 수많은 신도들이 성지 순례를 하기 위해 찾아옵니다. 세계 최대의 산유국으로서 OPEC^{석유수출국기구} 내에서의 위상도 매우 높은 나라입니다.

기독교를 상징하는 게 십자가라면 이슬람교를 상징하는 것은 초 승달입니다. 이게 가장 눈에 띄게 드러나는 곳이 인도주의 단체인 적십자와 적신월입니다. 우리에게 익숙한 적십자는 이슬람권에서 는 적신월로 쓰입니다.

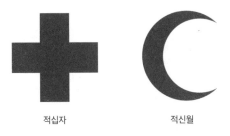

적십자   적신월

그런데 이슬람을 상징하는 대표적인 것은 사실 《쿠란》입니다.

이슬람 국가는 어느 나라든지 《쿠란》을 중요하게 여깁니다. 그중 에서도 《쿠란》을 거의 실정법처럼 지키고 있는 나라가 있습니다.

국기에도 《쿠란》의 글귀를 넣을 정도로 《쿠란》에 대한 애착이 유별난 나라, 아라비아반도의 거의 대부분을 지배하는 사우디아라비아입니다.

사우디아라비아에서 가장 유명한 것은 석유입니다. 생산량은 러시아와 1~2위를 다투고, 매장량에 있어서는 독보적인 세계 1위이지요.

사우디아라비아는 이슬람 국가들 중에서도 가장 보수적인 종교관과 전통을 유지하고 있습니다. 특히 여성 권리에서 그렇습니다. 2012년에서야 소수의 여성들이 올림픽에 출전할 수 있게 됐고, 2015년에

종교, 전통 ←

보수적
압박

서야 여성의 참정권을 인정받아 여성이 정치에 참여할 수 있게 됐으며, 2020년 이후에야 히잡을 쓰지 않는 여성이 조금씩 나타났습니다.

아라비아반도는 13세기 말부터 거대한 영토를 자랑하던 오스만 제국의 영향력 아래에 있었습니다. 사실 아라비아반도의 대부분은 황량한 사막이라서 남부 해안가를 제외하고는 누구도 크게 관심을 기울이지 않는 땅이었습니다. 그저 소수의 유목민과 상인 들만 낙타를 타고 왕래하던 곳이었지요.

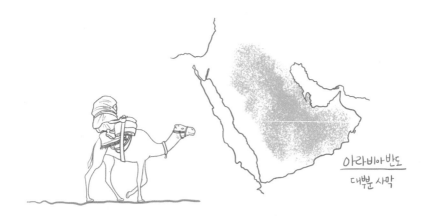

아라비아반도
대뿐 사막

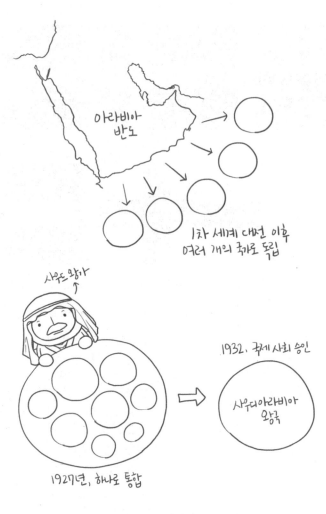

아라비아
반도

1차 세계 대전 이후
여러 개의 국가로 독립

사우드왕가

1932, 국제 사회 승인

사우디아라비아
왕국

1927년, 하나로 통합

사우디아라비아

↳ 사우드 왕족이 지배하는 아라비아

제1차 세계 대전 이후 오스만 제국이 해체되면서 아라비아반도는 여러 부족 국가들로 독립하게 됩니다.

이러한 국가들을 통합한 것이 지금 사우디아라비아를 통치하고 있는 사우드 왕가입니다. 그래서 나라 이름이 사우디아라비아가 됐습니다. 사우디아라비아는 '사우드 왕족이 지배하는 아라비아'라는 의미입니다.

사우디아라비아의 국기는 단순한 구성으로 되어 있습니다. 초록색 바탕에 칼 하나가 누워 있고, 그 위에 아랍어로 글씨가 새겨져 있지요.

초록색은 사우디아라비아를 비롯해 아프리카의 국기에서도 많이 사용되는 색입니다. 초록색은 풍요로움을 상징합니다. 사막이 많은

green

오아시스

풍요로운 자연

중동이나 아프리카에서는 초원이나 숲과 같이 동·식물이 잘 자랄 수 있는 환경이 매우 드물었습니다. 따라서 초원과 숲의 색깔인 초록은 매우 고귀한 색으로 여겨졌지요.

사우디아라비아 국기의 아래에 위치한 칼은 어떤 의미일까요?

세계 각국의 법원 앞에는 어김없이 세워져 있는 동상이 있습니다. 로마 신화에 나오는 정의의 여신 '유스티티아Justitia'입니다. 눈을 가리고 천칭과 칼을 들고 있는 유스티티아는 선입견 없이, 공정하게, 정의를 행사하는 여신입니다. 여기서 칼은 정의를 실현하는 힘을 의미합니다.

정의를 실현하는 힘

사우디아라비아의 국기에서도 칼은 마찬가지 의미입니다. 사우디아라비아의 건국의 아버지, 압둘아지즈 왕Abdulaziz은 사우디아라비아가 정의를 실현하는 국가로 성장하기를 바라는 마음에서 칼을 국기에 그려 넣었다고 합니다.

사우디아라비아
건국의 아버지,
압둘아지즈 이븐 사우드
(1876~1953)

그럼 국기에 그려진 아랍어는 무엇을 의미할까요?

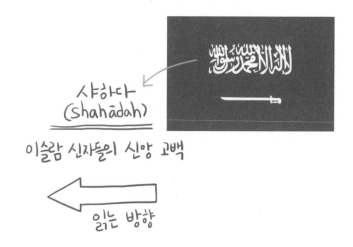

샤하다
(Shahādah)

이슬람 신자들의 신앙 고백

읽는 방향

이 글귀는 "알라 이외에 다른 신은 없으며, 무함마드는 그의 사도이다"라는 뜻입니다. 《쿠란》의 한 구절이지요.

이 구절은 이슬람 신자들의 신앙 고백으로서 매일매일 암송해야만 하는 중요한 구절입니다. 이슬람 신자들은 이를 '샤하다Shahādah' 라고 부릅니다.

'샤하다'란 이슬람교 신자라면 누구나 지켜야만 할 다섯 가지의 의무인 '이슬람의 다섯 기둥' 중 한 가지입니다.

"이슬람의 다섯 기둥"

1. 샤하다Shahādah, 신앙 고백 – 알라 이외에 다른 신은 없으며, 무함마드 는 그의 사도이다.

2. 살라트Salāt, 기도 – 신자는 반드시 하루에 다섯 번 알라에게 기도해 야 한다.

3. 자카트Zakāt, 자선 – 신자는 자신의 부를 일정 부분 가난한 사람들에 게 기부해야 한다.

4. 사움Sawm, 단식 – 라마단이슬람력 9월 한 달 동안 일출부터 일몰까지

식생활과 성생활이 금지된다.

5. 하즈Hajj, 메카 순례 – 신자는 일생에 한 번은 메카 순례를 행하는 것
   이 좋다.

그런데 이 문구를 국기에 새겨 넣으면서 한 가지 문제가 발생합
니다. 국기를 게양대에 올렸을 때 국기를 뒤에서 보면 글씨가 반대
로 보이게 되는 겁니다.

이슬람교의《쿠란》은 번역조차 인정하지 않을 정도로 문구 하나
하나, 구절 하나하나를 신성하게 여깁니다. 당연히《쿠란》의 구절
이 뒤집혀서 보이는 것은 이슬람교에서 있을 수 없는 일이지요.

그래서 사우디아라비아의 국기는 두 개의 국기를 겹쳐서 만든다
고 합니다. 그렇게 하면 앞에서 보나 뒤에서 보나 항상 이 문구가 제

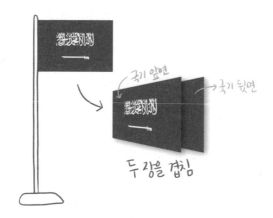

대로 보이니까요.

이렇게 사우디아라비아의 국기에는 이슬람교에서 가장 중요하고 신성하게 생각하는《쿠란》의 글귀가 쓰여 있는데, 이러한 이유로 일어난 에피소드도 있습니다.

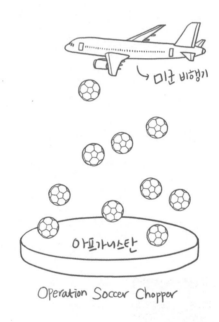

Operation Soccer Chopper

이야기는 또 다른 이슬람 국가인 아프가니스탄에서 시작됩니다. 아프가니스탄은 오랜 전쟁을 겪으면서 국토 전체가 매우 황폐해졌습니다. 아프가니스탄 전쟁에 참전한 미군은 전쟁으로 몸과 마음이 지친 어린이들을 위해 한 가지 계획을 세웁니다. 그것은 바로 공중

에서 비행기나 헬리콥터를 통해 어린이들에게
축구공을 뿌려주는 것이었습니다. 아이들이
축구공을 차면서 잠시나마 전쟁의 아픈 상처
를 잊기 바랐던 것이지요.

　이 축구공에는 전 세계 여러 나라의 국기를
새겨 넣었습니다. 세계의 모든 이들이 아프가니스탄의 평화를 염원
한다는 의미였습니다. 그런데 생각지도 못한 곳에서 문제가 터집니
다. 축구공에 새겨 넣은 국기 중에 사우디아라비아 국기도 포함되어
있었기 때문입니다.

　아프가니스탄에서는 사우디아라비아 국기가 새겨진 축구공을 보
고 난리가 났습니다. 왜냐하면 사우디아라비아의 국기에는 신성한

아프가니스탄
사람

미군을 향한 아프가니스탄의 시위

《쿠란》의 신앙 고백이 들어 있으니까요. 이슬람교도들에게 신앙 고백을 발로 차면서 놀라는 셈이 되어 버린 겁니다. 이슬람교 입장에서는 기독교도에게 예수님 얼굴을 발로 차고 놀라는 것보다 더한 모욕으로 받아들일 수밖에 없는 사건이었습니다.

이 사건으로 인해 아프가니스탄에는 미군을 반대하는 시위가 번지기 시작합니다. 결국 미군이 사과하고 사우디아라비아 국기가 그려져 있는 축구공을 재빨리 회수하면서 사건은 간신히 일단락되었습니다. 미군은 좋은 의도로 시작한 일이었지만 이슬람교에 대한 이해가 없었기 때문에 오히려 안하느니만 못한 일이 됐습니다.

다른 문화와 전통을 가진 사람에게는 그에 걸맞은 행동을 해야 한다는 교훈을 보여 준 사건입니다. 우리가 역사를 공부하는 이유 중에는 이런 것도 있는 법이죠. 존중 받고 싶다면 먼저 상대를 알고 배려할 필요도 있는 법입니다.

대항해 시대의 지배자 **포르투갈**

포르투갈

이베리아반도 서쪽 끝에 자리한 국가로 수도는 리스본입니다. 9만 제곱킬로미터 정도의 국토 면적에 약 1,000만 명이 살고 있습니다. 대서양을 바라보는 지리 조건 때문에 항해술과 조선술 등이 발달했고 후일 신대륙을 찾는 일에도 앞장선 나라입니다. 유럽의 대항해 시대는 포르투갈에 의해 시작됐다고 할 수 있을 정도로 강한 국력을 자랑했지만 지금은 유럽의 변방에 머무르고 있습니다.

지중해

유럽 문명은 지중해를 중심으로 발전해 왔습니다. 유럽 세계의 토대가 되었던 고대 그리스-로마 문명부터 이탈리아, 프랑스 등의 발전은 지중해를 중심으로 교역이 이루어졌기에 가능한 일이었습니다.

지중해地中海는 말 그대로 땅의 중심, 곧 지구의 중심에 있는 바다라는 의미입니다. 지중해의 어원이 '지구의 중심'을 뜻하는 라틴어 'Mediterraneus'에서 왔다는 것은 유럽 사람들에게 이 바다가 얼마나 중요했는지를 잘 알려 주는 예입니다. 북쪽으로는 유럽, 남쪽으로는 아프리카, 동쪽으로는 아시아에 둘러싸인 지중해는 지리적으로 대단히 중요한

지중해
Mediterranean
중앙   땅, 지구, 세계
어원: 지구의 중심(라틴어)

바다일 수밖에 없었습니다.

　로마 세계가 멸망하고 영국, 프랑스, 벨기에, 덴마크 같은 나라들
이 유럽의 중심지가 되면서 유럽 세계의 무게 중심은 북해로 옮겨
집니다. 북해 연안의 나라들은 금융업을 중심으로 번영했습니다.

　포르투갈은 유럽이 지중해를 중심으로 발전할 때나, 북해를 중심
으로 번성할 때나 항상 중심에서 벗어나 있는 나라였습니다. 유럽의
서쪽인 이베리아반도에서도 서쪽 끝에 위치한 작은 나라인 포르투

갈이 가진 것이라곤 끝이 보이지 않는 망망대해뿐이었습니다. 게다가 포르투갈 땅은 매우 척박해서 농작물을 재배하기에 좋은 조건이 아니었습니다.

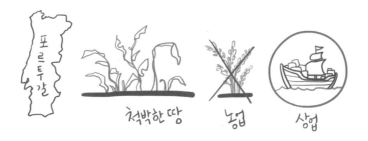

척박한 땅　　농업　　상업

농사를 짓기 어려웠던 포르투갈은 대서양을 통한 상업에 집중하는 것만이 유일한 살 길이었습니다. 대서양에서 출발해 지중해나 북해로 가는 먼 길을 돌아야 유럽의 중심지에 닿을 수 있었으니까요.

대서양

그 덕분에 포르투갈은 일찌감치 원거리 항해에 필요한 많은 기술을 발전시켰습니다. 게다가 스페인과 함께 국토회복운동에 참여했던 포르투갈은 유럽보다 과학기술이 앞서 있던 무슬림을 통해 천문학과 지도 제작에 관한 지식을 배울 수 있었습니다.

천문학   지도제작

이러한 기술을 바탕으로 포르투갈은 아프리카를 향한 항로를 개척할 수 있었고, 유럽에서 가장 선진적인 항해술을 가진 나라가 되었습니다. 포르투갈은 아프리카를 돌아 아시아까지 진출하는 멀고 먼 항로를 누구보다도 먼저 개척하면서 부유하고 강대한 나라가 될 수 있는 밑거름을 만듭니다.

마젤란
(포르투갈인)

항해술에 대한 자부심을 보여주듯 포르투갈 국기에는 항해술을
상징하는 기구가 그려져 있습니다. 그게 바로 혼천의渾天儀입니다.
혼천의는 천체의 운행과 그 위치를 측정하던 천문 관측기입니다.

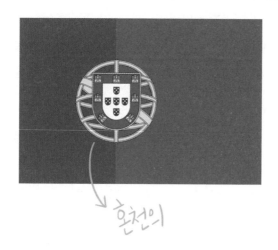

혼천의

천문 관측 기술   원거리 항해술 발전

　뱃사람들은 혼천의 덕분에 망망대해에서도 해와 달, 별을 이용해 배의 방향과 위치를 알 수 있었습니다. 원거리 항해를 하려면 반드시 필요한 기구였죠. 이 기구를 가장 잘 활용한 나라가 포르투갈이었습니다. 포르투갈 사람들은 혼천의에 의지해 미지의 바다로 모험을 떠났습니다. 이러한 개척 정신을 기리기 위해 포르투갈 국기에는 금색 혼천의가 새겨진 것입니다.

　혼천의 위에 새겨진 방패 문양은 무엇일까요? 포르투갈 사람들은 이 방패를 매우 소중히 여긴다고 합니다.

　우리가 축구 대표 팀을 '붉은 악마'라고 부르는 것처럼, 포르투갈 사람들은 자국 축구 대표 팀을 '방패에 의해 선택받은 자들'이라고 부릅니다.

　이 방패에는 사연이 있습니다. 이번에는 12세기까지 올라가야 하니

포르투갈 축구 대표 팀
"방패에 의해 선택된 자들"

다. 이야기의 주인공은 포르투갈의 아폰수 엔리케Afonso I 백작입니다.

12세기 당시 이베리아반도는 대부분 무슬림이 지배하고 있었습니다. 무슬림과의 큰 전투를 앞둔 전날 밤, 아폰수 백작은 잠을 쉽게 이룰 수가 없었습니다. 무슬림의 군대가 포르투갈에 비해 월등히 강했기 때문입니다.

근심에 가득 찬 아폰수 백작은 밤새 뒤척이다 겨우 잠이 들었고, 꿈을 꾸게 됩니다. 아폰수

이베리아반도

MUSLIM

백작이 꿈속에서 만난 이는 예수님이었습니다. 예수님은 십자가에 못 박혀 죽었을 때처럼 양손과 발 그리고 옆구리에서 피를 흘리고 계셨는데, 아폰수 백작과 눈이 마주치자 이렇게 말씀하셨다고 합니다.

"내가 너의 자손 안에 내 왕국을 세우리라."

아폰수 백작

아폰수 백작은 깜짝 놀라 잠에서 깹니다. 예수님을 만난 놀라운 꿈을 곰곰이 더듬어 보던 백작은 예수님이 5개의 성흔stigmata을 가진 모습이었다는 것을 상기합니다.

무슬림과의 일전을 앞둔 아폰수 백작은 이를 예수님의 계시라고 여겼고, 방패에 예수님의 성흔 다섯 개를 상징하는 문양을 그려 넣게 됩니다.

예수님의 계시를 받았다는 믿음을 가지게 된 아폰수 백작은 용기백배한 상태로 무슬림과의 전투에 앞장섰습니다.

그리고 놀랍게도 수적으로 훨씬 열세였던 포르투갈은 무슬림 군대를 무찔러 버립니다.

아폰수 백작

이 전투로 포르투갈을 구해 낸 아폰수 백작은 포르투갈의 초대 왕인 아폰수 1세가 됩니다.

물론 전설에 불과합니다만, 다섯 성흔이 새겨진 방패는 지금까지도 포르투갈의 국기에 남아 그 극적인 승리를 전하고 있습니다.

방패를 둘러싸고 있는 일곱 성채는 무슬림과의 전투를 통해 되찾은 7개의 성을 상징한다고 합니다. 13세기 중반 포르투갈의 왕 아폰수 3세 Afonso III가 무슬림과의 전투에서 승리하여 7개의 성을 포르투갈 영토로 만들었다고 합니다. 아폰수 1세와 아폰수 3세의 빛나는 승리가 포르투갈 국기 위에 중첩되어 만들어진 게 지금의 포르투갈 국기인 것입니다.

세계를 반으로 나눠 가지려 했던 스페인과 포르투갈

스페인과 포르투갈은 일찌감치 인도로 가는 항로를 개척하며 아프리카, 아시아,아메리카 대륙으로 세력을 뻗어 나갔습니다. 이들은 새로운 항로에서 발견한 수많은 땅들을 경쟁적으로 식민지로 삼기 시작합니다.

스페인과 포르투갈의 경쟁이 과열되면서 두 나라는 전쟁이 일어나기 일보 직전까지 이르게 됩니다. 두 나라의 사이가 급격히 나빠지자 교황 알렉산데르 6세 Alexander VI가 중재에 나섭니다.

교황은 1494년 여름 스페인의 토르데시야스에서 스페인, 포르투갈의 대표와 만

납니다. 그러고는 두 나라 대표자들에게 중재안으로 하나의 조약을 제시합니다.

이 조약의 내용은 대서양 한가운데에 가상의 경선經線을 그어서 그 선 서쪽에서

발견한 땅은 스페인이 차지하고, 동쪽 땅은 포르투갈이 차지한다는 기상천외한

내용이었습니다.

땅 따먹기를 하듯 발견한 땅을 동서로 갈라 나눠먹겠다는 발상이었지만 두 나라

는 만족했던 모양입니다. 나름 그 조약을 지키려고 노력해서인지 아시아 지역에

는 포르투갈 식민지가 많았고, 아메리카 대륙에는 스페인이 브라질을 제외하고

나머지 지역을 차지합니다. 이런 결과를 만들어 낸 게 바로 '토르데시야스 조약'입니다.

지금 생각해보면 말도 안 되는 이야기지만, 당시에는 획기적인 아이디어라고 생각했던 모양입니다. 그런데 지구는 둥글기 때문에 언젠가는 둘이 다시 만나게 될 수 있다는 생각은 못했나 봅니다. 하긴 이때는 아직 갈릴레오 ^{Galileo Galilei}가 태어나기도 전이었으니까요.

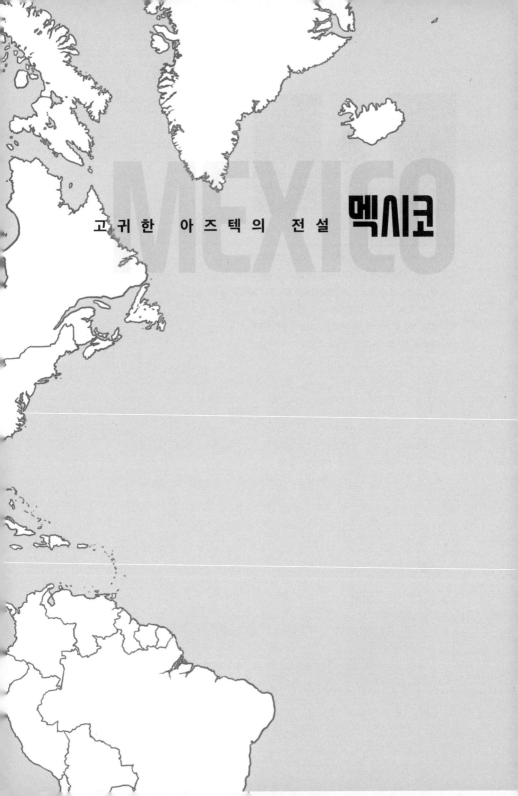

고귀한 아즈텍의 전설 **멕시코**

멕시코

국토 면적 197만 제곱킬로미터, 인구 1억 2,000만 명에 달하는 거대한 나라 멕시코는 미국, 캐나다와 함께 북아메리카로 분류되기도 하고, 중앙아메리카로 분류되기도 합니다. 과거 스페인의 식민지였기 때문에 스페인어를 '국어'로 사용하고 있습니다. 수도는 멕시코시티입니다. 한국인들만큼이나 매콤한 음식을 즐기는 걸로 유명합니다.

콜럼버스가 1492년 아메리카 대륙을 발견하면서 유럽 사람들은 기대에 부풀었습니다. 새롭게 발견한 '신대륙'에는 황금이 많다는 소문이 돌았거든요.

스페인의 하급 귀족이었던 에르난 코르테스Hernan Cortés도 그중 한 사람이었습니다. 일찌감치 쿠바섬으로 건너가 육지로 가는 탐험대를 꾸리던 그는, 1519년 현재 멕시코의 베라크루스 항구로 진입하

1519년 진입 성공

지금의
베라크루스
항구

는 데 성공합니다.

600여 명의 중무장한 스페인 병사와 10여
필의 말, 대포를 끌고 나타난 코르테스는 주변
의 원주민 부족들을 제압하기 시작했습니다.

신대륙 정복에 여념이 없던 코르테스는 솔깃한 이야기를 듣게 됩

→ 에르난
코르테스

아즈텍 제국

니다. 원주민을 다스리는 아즈
텍 제국의 황제가 살고 있는 도
시가 황금으로 가득하다는 이
야기였습니다.

코르테스는 군사들을 이끌
고 아즈텍 제국의 황제 목테수
마가 있다는 도시, 제국의 수

도 '테노치티틀란
Tenochtitlan'으로 향
했습니다. 목적은 당연히
수도에 넘쳐난다는 황금이었죠.
테노치티틀란은 지금 멕시코의 수도인
멕시코시티가 위치한 곳에 있었습니다.

아즈텍족은 본래 지금의 멕시코시티보다 북서쪽에 위치한 수수께끼의 도시 아스틀란Aztlán에서 살았다고 합니다.

어느 날 전쟁의 신 메히뜰리Mextli가 아즈텍족에게 나타나 이렇게 말했습니다.

"바위와 선인장 위의 독수리가 뱀을 잡아먹고 있는 곳을 찾아서, 그
곳에 도시를 세워라."

전쟁의 신이자 달의 신인 메히뜰리는 아즈텍족의 수호신이었습
니다. 그들은 '메히뜰리 신의 사람'이라는 뜻에서, 스스로를 '메히

꼬'라고 불렀죠. 멕시코라
는 나라 이름은 바로 이 '메
히꼬'에서 나왔습니다.
　수호신 메히뜰리의 계시
에 따라 아즈텍족은 12세기
경 홀연히 아스틀란을 떠났습니다.

머히뜰리
아즈텍의 수호신

아즈텍족

아스틀란
아즈텍족 이동

　신의 계시를 이행하기 위한 여행은 길고도 길었습니다. 무려 200
년 동안이나 이어졌으니까요. 14세기경, 산속을 헤매던 아즈텍족은
호수를 발견합니다. 가운데에 섬이 있을 정도로 커다란 호수였습니
다. 아즈텍족은 이 섬을 살펴보다가 바위틈에서 자라는 선인장을

아즈텍족

발견합니다. 그리고 아즈텍족이 200년 동안 기다리고 고대하던 순간이 눈앞에 펼쳐지게 되죠. 커다란 날개를 펄럭이는 독수리가 뱀을 물고 선인장 위에 앉은 것입니다. 메히뜰리의 계시가 이루어지는 광경을 본 아즈텍족은 호수 위에 도시를 건설합니다. 이 도시의 이름이 바로 테노치티틀란입니다. 멕시코의 수도 멕시코시티의 옛

아즈텍족

테노치티틀란

호수

이름이지요.

테노치티틀란은 아즈텍 사람들이 사용했던 말로 '선인장과 바위 속'이라는 뜻이라고 합니다. 바로 이곳을 기반으로 아즈텍 문명은 꽃을 피웠고, 거대한 제국으로 발전할 수 있었습니다.

신의 계시로 건설된 유서 깊은 제국의 수도, 테노치티틀란에 황금이 가득할 것이라고 믿었던 코르테스는 만반의 준비를 갖추고 조심스레

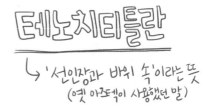

↳ '선인장과 바위 속'이라는 뜻
(옛 아즈텍이 사용했던 말)

접근했습니다. 상대는 제국의 황제 목테수마Moctezuma였습니다. 황금을 얻으려면 전투를 피할 수 없을 거라고 생각한 겁니다.

그런데 코르테스가 테노치티틀란에 도착하자, 전혀 상상하지 못했던 광경이 펼쳐집니다. 아즈텍 사람들은 전쟁을 벌이기 위해 찾아온 스페인 원정대를 열렬히 환영한 것입니다.

왜 이런 일이 벌어졌을까요? 그 이유는 아즈텍 사람들에게 전해 내려온 신화 때문이었습니다. 아즈텍 사람들은 코르테스의 원정대를 창조의 신, 케찰코아틀Quetzalcoatl이라고 믿었습니다.

케찰코아틀은 옥수수로 인류를 빚었다고 하는 아즈텍 문명의 창조신입니다. 평소에는 새의 날개를 가진 뱀의 모습이지만, 인간 세계에 내려올 때에는 흰 얼굴에 검은 털을 가진 모습으로 나타난다고 합니다.

아즈텍 사람들은 이 신화도 철석같이 믿었나 봅니다. 마침 코르테스와 함께 온 스페인 병사들은 하얀 얼굴에 검은 수염과 머리카락을 가지고 있었는데, 아즈텍 사람들이 보기에는 영락없는 케찰코아틀의 모습이었습니다. 강도나 다름없는 코르테스 일행을 환대한 것

아즈텍 사람들에게 신화로 전해졌던,
창조의 신 '케찰코아틀' © shutterstock

에르난
코르테스
＋ 스페인 병사

원주민들

은 그들을 신화 속의 인물로 착각해서였습니다.

죽을 각오로 약탈을 하러 온 코르테스 일행은 뜻밖의 환대에 어리둥절했지만, 곧 본색을 드러냅니다. 그들은 목테수마 황제를 사로잡고 제국을 손쉽게 무너뜨립니다. 코르테스는 원정을 떠난 지 겨우 2년 만에 제국을 정복하는 공적을 올립니다.

코르테스가 아즈텍 제국을 무너뜨린 이야기를 그대로 믿기는 어렵습니다. 아즈텍 제국이 무너진 이유는 사실 유럽 사람들이 가져온

천연두 같은 전염병 때문이라
고 주장하는 연구자들도 있습
니다. 아즈텍 사람들은 천연두
에 대한 면역이 전혀 없어서
치명적이었기 때문에 그만큼
피해도 심각했다는 것이지요.

　인신 공양 같은 잔혹한 풍습에 지친 아즈텍 제국 내의 수많은 부
족들이 황제에게 반기를 들고 스페인 사람들을 도왔기 때문이라는
주장을 하는 연구자들도 있습니다.

　이런 이야기나 주장들 가운데 무엇이 맞든 코르테스가 손쉽게 아
즈텍 제국을 정복한 것은 사실입니다. 그리고 새로운 정복지는 '누
에바 에스파냐', 즉 '새로운 스페인'이라는 이름을 얻게 됩니다.

　이후 멕시코가 스페인을 물리치고 독립을 쟁취하는 데까지 300

년이라는 긴 세월이 필요했습니다.

300년 동안 스페인은 멕시코의 광산과 대농장에서 원주민들을 착취했고, 금은과 같은 귀중한 자원들을 모조리 빼앗아 유럽으로 가져갔습니다. 덕택에 스페인은 유럽에서 제 일가는 부자 나라가 될 수 있었습니다.

스페인의 식민 지배는 많은 폐해를 낳습니다. 특히 차별이 큰 문제였습니다. 스페인 본토인 이베리아반도 출신이라는 의미의 '페닌술라르페닌술라: 반도'는 지배 체제

의 정점에 서서 원주민을 착취하고, 유럽 사람과 원주민 사이에서 태어난 혼혈인 메스티소를 차별합니다. 심지어 식민지에서 태어난 유럽인의 자손들인 크리올조차 차별의 대상이었습니다. 이들은 본토 출신 사람들보다 세금을 더 내야 했고, 중요한 관직이나 직업을 가질 수 없었습니다.

이런 부당한 일을 바로잡으려는 노력을 한 사람이 있었습니다. 멕시코 독립운동의 '시조'라고 할 수 있는

미겔 이달고Miguel Hidalgo y Costilla 신부입니다. 그는 원주민들과 메스티소들이 겪는 고통과 열악한 생활에 분노했고, 이를 바로잡기 위해서는 스페인의 통치에서 벗어나야 한다고 주장했습니다. 결국 이달고 신부는 1810년 9월 16일, 멕시코의 돌로레스라는 마을에서 독립을 선언합니다.

이달고 신부의 독립운동은 결과적으로는 실패합니다. 겨우 반 년 만에 잡혀 처형되고 말았으니까요. 그렇지만 그가 뿌린 독립운동의

멕시코
독립군들

씨앗은 멕시코 전역에 뿌리를 내렸습니다.

멕시코 곳곳에서 스페인을 몰아내기 위해 독립군들이 일어섰습니다. 이때 독립군들은 서로를 알아보기 위한 상징으로 프랑스 국기와 닮은 삼색기를 사용했습니다. 프랑스 혁명의 정신을 본받아 새로운 세상을 건설하겠다는 뜻을 보여준 것이죠.

이달고 신부가 뿌린 씨앗은 결국 열매를 맺게 됩니다. 멕시코는 1821년 독립에 성공합니다. 그리고 독립군들이 사용했던 삼색기는 공식적인 멕시코의 국기로 자리 잡게 됩니다.

독립에 성공한 멕시코 사람들은 독립운동의 상징이었던 삼색기에 자신들만의 상징을 추가하기로 합니다. 자신들의 뿌리를 잊지 않기 위해서였죠. 이때 사람들이 떠올린 것이 메히뜰리의 계시였습니다. 아즈텍 제국의 수도를 점지해준 그 계시를 떠올린 것입니다.

이렇게 멕시코 국기에는 바위와 선인장 그리고 그 위에 앉은 뱀을 입에 문 독수리가 추가되었습니다. 스페인의 식민 통치로부터 해방된 영광스러운 역사의 기록에, 아즈텍 문명이라는 원주민의 고귀한 역사가 결합된 아름다운 국기가 탄생하게 된 것이지요.

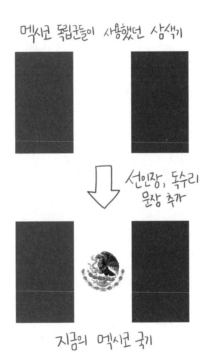

멕시코 독립군들이 사용했던 삼색기

선인장, 독수리 문장 추가

지금의 멕시코 국기

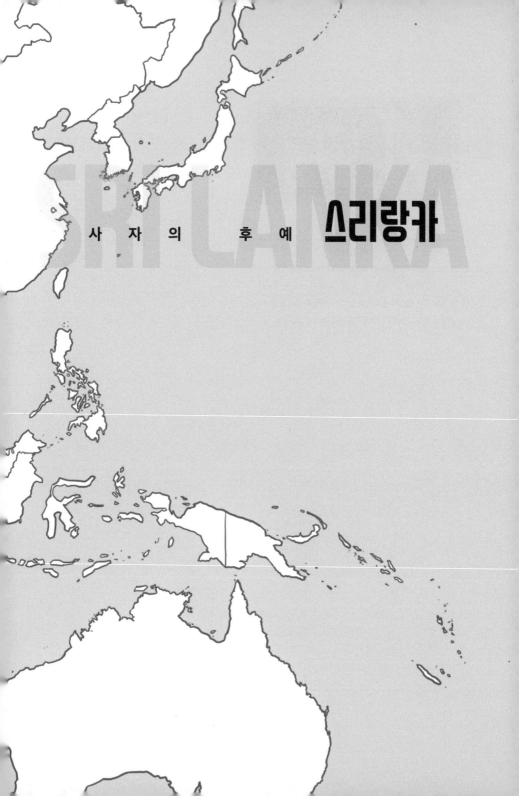

사 자 의 후 예 **스리랑카**

스리랑카

스리랑카는 인도 아래쪽에 위치한 섬나라입니다. 수도는 콜롬보, 국토 면적은 6만 6,000제곱킬로미터, 인구는 약 2,000만 명입니다. 홍차의 산지로 유명한 스리랑카는 아시아 교역로의 요충지에 위치해 있다는 이유로 포르투갈, 네덜란드, 영국 등 외세의 침략을 자주 받았던 나라입니다.

실론섬은 한국에서 유명한 홍차 산지입니다. '홍차의 꿈'이라는 광고 카피로 알려진 음료 덕분이죠. 이 제품 덕분에 실론섬이 홍차로 유명하다는 것이 많이 알려졌습니다. 그런데 그 실론섬이 실제로 어디에 있는지는 잘 모르는 경우가 많을 겁니다.

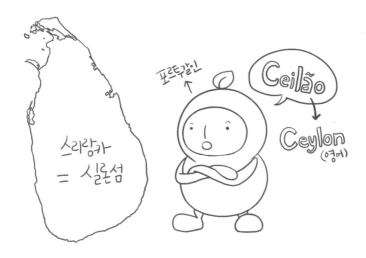

실론섬은 바로 스리랑카입니다. 16세기경 이 커다란 섬에 도착한 포르투갈과 영국 사람들은 실론Ceylon이라는 이름을 붙였습니다.

하지만 스리랑카는 그보다도 훨씬 더 먼저 세계에 이름을 알린 곳이었습니다. 《아라비안 나이트》의 〈신드바드의 모험〉에서 신드바드는 동방에 있는 부귀한 섬을 찾아가는데, 그 섬의 이름은 바로 '세렌디브Serendib'입니다. '뜻밖의 행운'을 뜻하는 영어 단어 '세렌디

신드바드

세렌디브 섬

피티Serendipity'가 바로 이 섬의 이름에서 유래하는데, 바로 이 섬이 지금의 실론섬, 바로 스리랑카입니다.

얼마나 부유한 섬이었기에 《아라비안 나이트》에서 행운을 뜻하는 이름으로 불리게 되었을까요?

Serendipity

"뜻밖의 행운"

어원: 섬의 이름 '세렌디브(Serendib)'

스리랑카 섬은 무역의 요충지였습니다. 후추나 계피 등의 향신료를 사기 위해서 아라비아에서 오는 상선들은 반드시 스리랑카를 거칠 수밖에 없었지요. 덕택에 일찌감치 이 섬에 자리 잡은 싱할라족

싱할라족

싱할라 왕국

스리랑카
(인도의 눈물이라고도
불린다.)

의 왕국은 매우 부유했습니다. 신드바드가 찾아 나선 부유한 왕국은 바로 이 싱할라 왕국이었던 것입니다.

이렇게 부유했던 스리랑카는 또 다른 별명을 갖고 있습니다. 바로 '인도의 눈물'입니다. 섬의 생김새가 눈물처럼 생기기도 했지만, 무역의 요충지라는 지리적 이점 때문에 다수의 강대국들의 영향을 많이 받을 수밖에 없었던 슬픈 역사 때문에 붙은 이름입니다.

16세기 초 스리랑카에 발을 들여놓은 포르투갈은 이 섬의 잠재력을 깨닫습니다. 그리고 유럽에서 처음으로 교역권을 얻는 데 성공합니다.

하지만 17세기가 되자 포르투갈은 교역만으로는 만족하지 못하고 섬의 대부분을 점령해 버립니다. 중앙의 고산 지대에 위치한 캔디Kandy 왕국을 제외하고 말이지요.

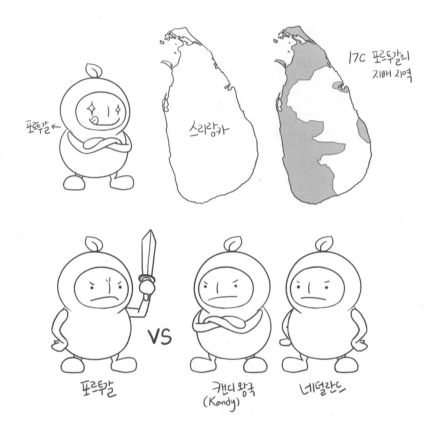

캔디 왕국이 각종 신식 무기로 무장한 포르투갈 군대를 이기는 것은 불가능한 일이었습니다. 그래서 왕국은 또 다른 외국 세력인 네덜란드를 끌어들이기로 마음먹습니다. 캔디 왕국은 네덜란드의 힘을 빌어 포르투갈 세력을 몰아낼 수 있었습니다. 하지만 캔디 왕국은 곧 네덜란드에게 뒤통수를 맞게 됩니다. 이후 100년 동안 캔디

왕국은 네덜란드 동인도회사의 지배를 받게 되었기 때문이지요.

네덜란드 다음에는 '해가 지지 않는 나라' 영국의 차례였습니다. 19세기가 되자 영국은 네덜란드를 몰아내고 캔디 왕국까지 정복하더니, 스리랑카 전체를 '영국령 실론'이라고 불렀습니다. 이렇게 스리랑카 섬은 영국이 직접 통치하는 식민지가 되어 버립니다.

영국인들은 실론을 거대한 커피 농장으로 만들었습니다. 인도양의 많은 지역들이 그렇듯 실론섬도 양질의 커피를 생산하기에 좋은 기후와 토양을 가지고 있었거든요. 부족한 노동력은 인도의 타밀족을 데려와서 메웠습니다.

그러나 얼마 지나지 않아 실론섬 전체에 커피를 말라 죽이는 이파

인도 타밀족을 데려와
노동력 보충

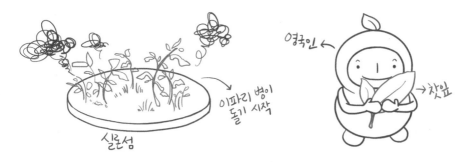

리 병이 들게 됩니다. 이 병 때문에 모든 커피 나무가 다 죽습니다.

커피를 재배할 수 없게 되자 영국인들은 커피 대신에 경작할 만한 작물을 찾기 시작합니다. 곧 실론섬은 차茶를 경작하기에 매우 좋은 조건이라는 것을 알게 됩니다. 실론섬이 홍차 산지로 유명해진 것은 이때부터였습니다.

실론섬이 외세를 몰아내고 독립을 얻어낸 것은 1948년 2월입니다. 영국은 실론섬의 끈질긴 독립운동에 손을 들고야 말았습니다.

이후 실론은 국명을 스리랑카로 바꾸고 공화국으로 다시 태어납니다. 이때가 1972년입니다.

스리랑카는 산스크리트어로 '신성한 섬'을 뜻합니다.

스리랑카의 국기도 스리랑카 공화국의 탄생과 함께 지금의 모습을 갖추게 되었습니다.

스리랑카의 국기를 이해하려면 각 색깔이 담고 있는 의미와 우측의 사자에 담긴 이야기를 알아야 합니다.

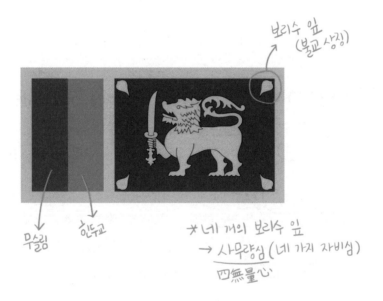

스리랑카 국기의 자주색은 스리랑카의 다수 민족인 싱할라족을 상징합니다. 싱할라족은 대부분 불교를 믿고 있죠. 좌측의 녹색과 황색은 각각 스리랑카에서 소수 종교인 무슬림과 힌두교를 상징합니다.

싱할라족(스리랑카 대부분의 인구 차지), 불교   타밀족(힌두교)

국기의 오른편에는 황금색 사자가 칼을 쥐고 있고, 그 사자를 네 개의 잎사귀가 감싸고 있습니다.

이 네 개의 나뭇잎은 보리수 잎입니다. 보리수는 불교의 상징 가운데 하나죠. 부처님이 깨달음을 얻은 곳이 바로 보리수 아래였기 때문입니다. 즉 사자를 둘러싼 보리수 잎은 스리랑카가 불교 국가라는 것을 선언하는 것과 마찬가지입니다.

네 개의 보리수 잎은 보살의 네 가지 자비심, 즉 사무량심四無量心

을 의미합니다.

❶ 자무량심慈無量心: 한없이 모든 중생에게 정을 베푸는 마음

❷ 비무량심悲無量心: 한없이 모든 중생을 측은하게 여기는 마음

❸ 희무량심喜無量心: 한없이 모든 중생을 기쁘게 해주는 마음

❹ 사무량심捨無量心: 한없이 모든 중생을 위해 탐욕을 버리는 마음

스리랑카 국기에 종교 구분이 들어간 이유는 독립 이후 스리랑카가 맞닥뜨린 민족 문제 때문입니다. 스리랑카 대부분의 인구를 차지하는 싱할라족은 불교를 믿지만, 영국 식민지 시절 커피와 차를 경작하기 위해 이주해 온 타밀족들은 힌두교를 믿었습니다.

타밀족을 추방하려는 측과, 함께 화합해야 한다는 측이 부딪히기

타밀족
(힌두교)

실론섬

싱할라족
(불교)

타밀족 추방 주장　　타밀족과 화합 주장

타밀족에 대한 테러
+ 타밀족에 의한 테러

도 했고, 타밀족에 대한 테러와 타밀족에 의한 테러가 뒤섞이며 내

전에 휩싸이기도 합니다.

　타밀족 말고도 문제가 또 있습니다. 스리랑카에는 아랍과 교역하

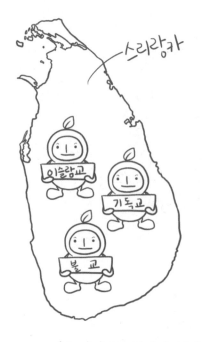

던 시절의 영향으로 인해 이슬람교를 믿는 사람들도 있습니다. 또한 유럽 식민지 시절에 기독교인이 된 사람들도 있었죠.

이렇게 종교적으로 복잡한 나라가 된 지금은 화합을 위한 해결책을 마련하기 위해 고심하고 있습니다. 하지만 서로 편을 가르고 차별하는 문제는 쉽게 풀기 어려운 일입니다.

그래서 스리랑카 국기는 다소 아쉽게 느껴지기도 합니다. 국기의 거의 3분의 2를 차지하는 오른쪽의 황금색 사자와 자주색이 싱할라족을 의미하기 때문입니다. 다른 종

교와 민족을 동등하게 보기보다는 불교를 믿는 싱할라족이 더 우위에 있다는 게 국기에도 드러나 있으니까요.

그런데 사자는 어떻게 싱할라족의 상징이 되었을까요? '싱할라'는 사자의 후손이라는 뜻입니다.

'싱하'는 사자를 의미합니다. 어딘지 낯이 익은 단어입니다. 태국의 유명한 맥주 브랜드인 '싱하 맥주'의 상표는 사자를 모티프로 삼았습니다. 싱가포르 같은 경우는 나라 이름에 사자가 들어간 경우입니다. 사자는 힌두교의 전설에 자주 등장하는 동물이죠.

스리랑카인들이 사자를 조상으로 삼게 된 데에는 다음과 같은 전설이 전해져 내려옵니다.

아주 오랜 옛날 인도에는 방가 왕국이 있었습니다. 이 왕국에는 모든 이들이 사랑하는 어여쁜 공주가 살고 있었다고 합니다.

어느 날 왕국에 거대한 사자 한 마리가 나타났습니다. 사랑스러운 공주가 있다는 소문을 들은 사자

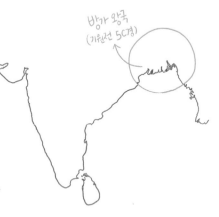

가 공주를 납치하러 온 것입니다. 왕국의 누구도 거대한 사자를 막을 수 없었습니다. 사자는 공주를 납치하고는 유유히 사라졌습니다.

오랜 세월이 흐르자 사람들은 공주와 사자를 잊고 맙니다. 공주는 왕국 바깥에 있는 사자의 동굴에서 사자의 아이인 싱하바후와 싱하시왈리 남매를 낳았습니다.

하지만 공주는 고향을 한시도 잊지 않았습니다. 어느 날 사자가 잠시 한눈을 판 사이, 공주는 두 아이를 안고 탈출하

싱하바후   싱하시왈리

는 데 성공합니다. 그러고는 먼 길을 거쳐 꿈에도 그리던 고향으로
돌아왔습니다.

아내와 아이들을 잃어버린 사자는 너무 화가 났습니다. 사자는
단숨에 방가 왕국으로 쳐들어 와 행패를 부리
기 시작했습니다. 왕국은 그대로 쑥대밭
이 되고 말았습니다.

이때 용맹한 전사가 사자를
막아 섰습니다. 이 전사는 바로
공주와 사자의 아들, 싱하바후
였습니다.

싱하바후는 이 사자가 자신

싱하바후

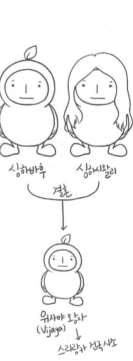

싱하바후　싱하시왈리

결혼

위자야 왕자
(Vijaya)
↓
스리랑카 건국 시조

의 아버지인 줄은 꿈에도 생각하지 못했습니다. 그는 긴 혈투 끝에 화살로 사자를 꿰뚫어 죽이고 맙니다.

　용맹한 전사 싱하바후는 훗날 여동생인 싱하시왈리와 결혼하고 아들을 얻게 됩니다. 이 아들이 바로 스리랑카의 건국 시조인 위자야 왕자Prince Vijaya입니다.

　위자야 왕자는 기원전 4세기경 700명의 사

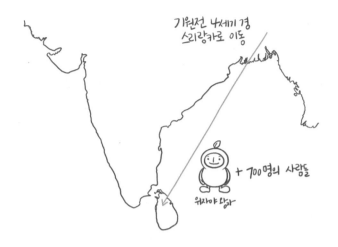

람을 이끌고, 고향을 떠나 먼 길을 거쳐 지금의 스리랑카 섬에 자리

를 잡았다고 합니다.

　전설 같은 이야기지만, 스리랑카 국기에 담긴 사자 이야기에는

건국 신화까지 녹아 있다는 것을 알 수 있죠. 국기는 이렇게 나라의

뿌리를 담고 있는 경우도 있습니다.

아마존 하늘에 빛나는 별자리 **브라질**

브라질

지구의 허파로 불리는 아마존 밀림이 있는 브라질은 남아 메리카에서 가장 큰 나라입니다. 남반구에서 가장 큰 나라 이기도 합니다. 850만 제곱킬로미터의 국토 면적에 2억 명 정도의 인구를 가진 브라질 사람들이 가장 사랑하는 것은 축구와 삼바 축제입니다. 포르투갈의 식민지였기 때문에 포 르투갈어를 사용합니다.

'축구' 하면 어느 나라가 떠오르시나요? '축구의 신' 마라도나를 잇는 천재 리오넬 메시의 아르헨티나도 있고, 최고의 득점력을 가진 크리스티아누 호날두의 포르투갈도 있겠지만, 뭐니뭐니해도 축구는 역시 브라질이죠.

축구 황제 펠레가 이끈 월드컵 우승 3회를 포함하여, 총 5회 우승컵을 가져간 나라는 2023년 기준 브라질이 유일합니다. 브라질 국민들의 축구 사랑은 상상 이상입니다. 1998 프랑스 월드컵 결승전에서 프랑스에게 0-3으로 완패하고 아쉽게 준우승을 차지했을 때는 진상 규명을 위한 청문회까지 열렸다고 하니까요.

브라질 하면 떠오르는 대표적인 것 중에는 삼바 춤도 있습니다. 매년 2월이 되면 브라질에서는 전국적으로 거대한 삼바 축제를 펼치는데, 축제 기간 중에는 연일 화려한 퍼레이드가 거리에서 펼쳐

지고 춤과 노래가 울려 퍼집니다.
전 세계의 수많은 관광객들이 이 삼
바 축제를 보기 위해 모여듭니다.

　삼바 축제는 다른 어떤 축제와도
비교할 수 없을 정도로 거대하고 화
려하다고 합니다. "브라질 사람들
은 삼바 축제를 위해 일 년 동안 돈
을 번다"는 말이 있을 정도니까요.

　그런데 브라질이라는 나라 이름
은 어디에서 온 것일까요? 〈포르투
갈〉 편에서 등장한 '토르데시야스
조약'부터 살펴볼 필요가 있습니다.
이 조약으로 남아메리카의 대부분
은 스페인이 지배하게 됩니다. 기준
선 동쪽에 맞닿아 있던 지금의 브라
질 지역은 포르투갈의 손에 들어가
게 됩니다.

　스페인이 손에 넣은 남아메리카
식민지에서는 막대한 금과 은이 쏟

아져 나왔습니다. 그런데 이상하게도 포르투갈이 손에 넣은 지역에서는 아무것도 발견되지 않았습니다. 포르투갈이 식민지를 샅샅이 뒤져봤지만, 울창한 밀림만 눈앞에 펼쳐졌을 뿐입니다.

　도대체 돈이 될 만한 게 없을까 고민하던 포르투갈 사람들은 정글에서 어떤 나무를 발견하게 됩니다. '빠우브라질'이라고 불리는 나무였습니다. 이 나무의 줄기로는 붉은색 염료를 만들 수 있었습

빠우브라질
(Pau-Brasil)

빠우브라질의
나무 껍질

귀한 붉은 염료

포르투갈인

니다. 당시 붉은색 염료는 무척 귀한 자원이었습니다.

드디어 돈이 될 만한 게 나오자 포르투갈은 이 나무를 많이 길러서 붉은색 염료를 수출하기 시작합니다. 이후 포르투갈 사람들은 자신들이 소유한 남아메리카 지역의 이름을 '브라질'로 부르기 시작했습니다. 돈줄이 된 나무의 이름이 나라 이름이 된 것입니다.

포르투갈이 점령한 16세기 이후 브라질은 고통과 수난을 겪게 됩니다. 포르투갈이 브라질에서 다른 돈벌이를 찾았기 때문입니다.

사탕수수

그것은 바로 사탕수수 플랜테이션이었습니다. 포르투갈 사람들은 아프리카에서만 자라는 줄 알았던 사탕수수가 브라질에서도 잘 자란다는 사실을 깨달았거든요.

플랜테이션은 서유럽 사람들이 아시아나 아프리카 등의 식민지에 돈과 기술을 가져오고, 식민지의 값싼 노동력을 활용해서 대규

모로 농사를 짓는 것을 말합니다. 브라질의 경우에는 포르투갈이 사탕수수를 재배할 수 있는 기술과 돈을 투입하고, 브라질 원주민 들을 아주 값싸게 부려서 농사를 지었습니다.

브라질의 비극은 바로 플랜테이션 농장의 노동에서 시작되었습니다. 브라질 원주민은 값싼 정도가 아니라 노예와 같은 취급을 받았습니다. 사탕수수 농장에서 중노동을 해야 겨우 입에 풀칠을 할 정도였지요. 하지만 포르투갈은 원주민들의 처우 개선에는 전혀 신경 쓰지 않았습니다. 원주민들은 비참한 생활을 하며 근근이 살아야 했습니다. 사탕수수의 인기가 시들자, 커피가 그 자리를 대체했습니다. 그러나 원주민들의 사정은 변한 게 없었습니다.

또 다른 문제는 브라질의 거대한 땅덩어리에 사탕수수나 커피 나무 외에 다른 작물을 심을 수 없었다는 것입니다. 포르투갈은 자신들의 농장을 넓히는 데에만 집중했을 뿐, 다른 산업의 발전에는 전혀 관심이 없었습니다. 그 때문에 브라질에서 필요한 물자는 모두

다 포르투갈에서 돈을 주고 사 와야만 했습니다.

1822년 포르투갈의 식민지 신세를 벗어나 독립을 이룬 브라질은 황제정을 거쳐 1889년 꿈에도 그리던 공화국을 세웠지만, 식민지 시절의 고통에서 쉽게 벗어날 수 없었습니다. 식민지 시절 겪었던 불균형한 발전으로 인해 여전히 경제적, 정치적으로 불안정할 수밖에 없었지요. 아마도 힘든 삶 속에서 브라질 사람들에게 위로가 되어 준 것은 축구와 삼바 축제가 아니었을까 합니다.

브라질의 국기에는 식민지 시절 겪었던 고통과 혼란에서 벗어나 희망찬 나라를 만들고자 하는 브라질 국민들의 의지가 담겨 있습니다. 지금부터 브라질 국기를 살펴보며 그 의미를 찾아보겠습니다.

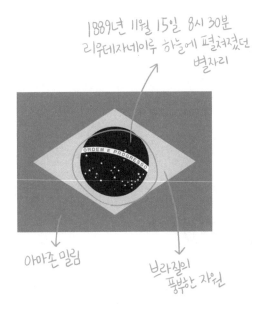

1889년 11월 15일 8시 30분
리우데자네이루 하늘에 펼쳐졌던
별자리

아마존 밀림

브라질의
풍부한 자원

브라질 국기의 바탕이 되는 초록색은 바로 아마존 밀림을 상징합니다. 아마존 밀림은 '지구의 허파'라고 불릴 만큼 인간에게 꼭 필요한 산소를 생산하는 무척 소중한 자원입니다. 마름모꼴의 노란색은 브라질이 갖고 있는 풍부한 광물 자원을 의미합니다. 즉 브라질 국기의 색깔은 브라질의 잠재력이 무궁무진하다는 점을 자랑하는 셈이죠.

26개 주!
하나의 연방!

국기 가운데 그려진 원은 천구天球입니다. 여기에 새겨진 별자리에는 특별한 의미가 담겨 있습니다. 이 별자리는 브라질이 공화국을 선포한 1889년 11월 15일 8시 30분에 리우데자네이루의 하늘에 펼쳐졌던 별자리라고 합니다. 이 별의 개수는 27개인데, 이 숫자는 브라질을 구성하는 26개의 주와 이 주들이 하나가 된 연방을 상징하는 별의 수를 합한 것입니다.

이 천구의 중앙을 가로지르

ORDEM E
PROGRESSO
↳ 질서와 진보 (포르투갈어)

는 하얀 띠에는 'ORDEM E PROGRESSO'라고 적혀 있습니다. 포르투갈어로 '질서와 진보'라는 뜻입니다. 이 띠에 적혀 있는 말은 브라질 국민들이 만들고자 하는 브라질의 이상향을 담고 있습니다.

비록 브라질의 과거는 식민 지배의 아픔으로 시작되어 혼란스럽고 고통스러웠지만, 미래의 브라질은 과거를 극복하고 새로운 질서를 만들어 내고 발전된 나라를 건설하겠다는 의미입니다. 하늘에 반짝이는 별자리들이 아마존 밀림과 무한한 광물 자원으로 상징되는 잠재력을 가진 브라질 국민들의 길잡이가 되어 준다면 그 희망은 언젠가 현실이 될 수 있을 것이 분명합니다.

이 별자리들은 실제로 남반구에 위치한 브라질에서 관찰할 수 있는 별자리라고 합니다. 이 별들의 이름은 각각 다음과 같습니다.

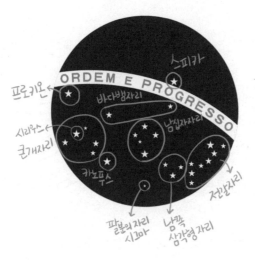

① 프로키온(작은개자리 알파)

② 큰개자리. 가장 큰 별은 시리우스

③ 카노푸스(용골자리 알파)

④ 스피카(처녀자리 알파)

⑤ 바다뱀자리

⑥ 남십자자리

⑦ 팔분의자리 시그마(천구의 남극에 가장 가까움)

⑧ 남쪽삼각형자리

⑨ 전갈자리

그런데 이렇게 깊은 의미를 담고 있는 천구가 다른 모습으로 바뀔 뻔했다고 합니다. 브라질 사람들의 축구 사랑 때문에 벌어진 해프닝이었습니다.

때는 1970년, 브라질이 세 번째 월드컵 우승을 이룩한 영광스러운 해였습니다. 월드컵 3회 우승은 다른 우승보다 더 특별한 의미가 있습니다. 월드컵에서 3회 우승을 차지하면 우승컵을 영구적으로 소유할 수 있기 때문입니다. 1958년, 1962년에 이어 통산 3회 우승을 달성한 브라질은 월드컵 우승컵을 영원히 품에 안게 됩니다. 그

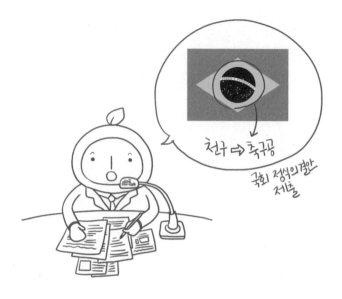

렇지 않아도 축구를 사랑하는 브라질 국민들은 열광의 도가니였습니다.

이때 국회에는 브라질 사람들의 축구 사랑을 반영한 의결안이 제출되었습니다. 바로 국기의 천구를 축구공으로 바꾸자는 것이었지요. 생각해 보면 황당한 일입니다. 브라질의 뜻깊은 역사를 담은 천구를 축구공으로 바꾸겠다는, 얼핏 장난처럼 보일 수 있는 이 제안이 국회에 정식으로 제출된 것입니다. 물론 결과적으로는 부결됐지만, 만약 채택이 되었다면 브라질 국기는 그야말로 '축구의, 축구에 의한, 축구를 위한 국기'로 바뀌었을지도 모릅니다.

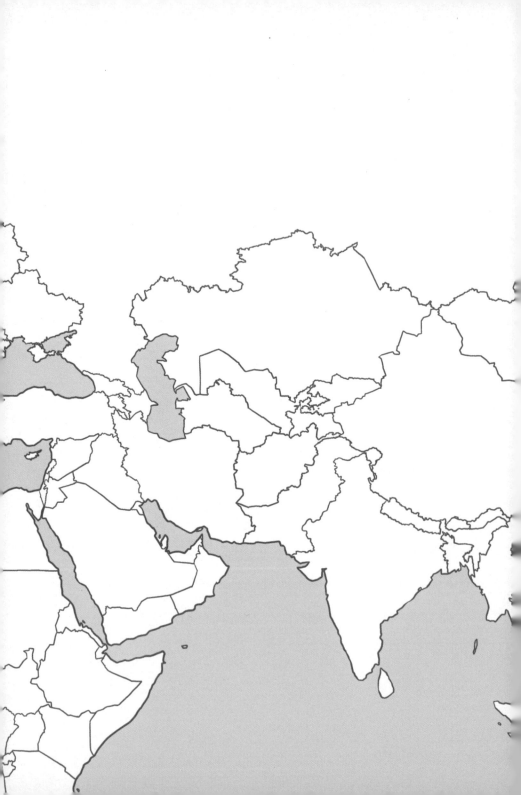

태 양 이 떠 오 르 는 곳 **일본**

일본

아시아에서 가장 먼저 근대화에 성공한 나라인 일본은 세계 3위의 경제 대국입니다. 여러 개의 섬으로 이루어져 있는 일본의 수도는 도쿄, 국토 면적은 약 37만 제곱킬로미터, 인구는 약 1억 2,000만 명입니다. 지진, 화산 폭발 등 자연재해가 끊이지 않아 안전에 대한 관심이 매우 높은 나라입니다.

13세기경, 베네치아 출신의 탐험가 마르코 폴로Marco Polo는 아버지를 따라 원나라로 여행을 떠났습니다. 이때 그의 나이는 겨우 15세였습니다.

어린 마르코 폴로의 눈에 원나라의 모습은 낯설고도 신기했습니다. 모든 것이 자기가 살아왔던 '서양'의 모습과는 매우 달랐으니까요.

원나라의 황제 쿠빌라이 칸Kublai khan은 모든 것을 호기심 어린 눈으로 바라보는 마르코 폴로가 마음에 들었나 봅니다. 황제는 마르코 폴로가 원나라의 관리로 일할 수 있는 기회를 줍니다.

황제 덕택에 마르코 폴로는 17년간 원나라를 비롯한 동양의 문물

을 접할 수가 있었습니다. 그리고 이 기간 동안 보고 느낀 것들을 책에 기록했지요.

　이렇게 탄생한 책이 바로《동방견문록》입니다. 이 책에는 '서양' 사람 마르코 폴로의 눈으로 바라본 '동양'의 모습이 곳곳에 묘사되어 있습니다. 이《동방견문록》에는 '지팡구'라고 불리는 수수께끼 같은 나라가 등장합니다. 마르코 폴로는 이 나라를 다음과 같이 묘사합니다.

"지팡구에는 평민들의 집도 황금으로 만들어져 있다."

평민들의 집도 황금으로 만들어졌다면 귀족이나 왕이 사는 곳은 얼마나 화려할지 짐작조차 할 수 없죠. 마르코 폴로의 말이 맞다면, 지팡구는 전설 속에 존재한다는 황금의 도시 '엘도라도'일 것입니다.

하지만 '지팡구'는 상상 속의 나라가 아니었습니다.《동방견문록》에 등장하는 나라는 바로 일본이었으니까요.

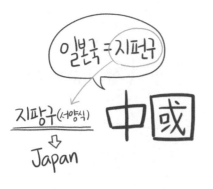

중국에서는 '일본국'을 '지편구'로 발음했었는데, 이를 서양식으로 옮겨 적다 보니 지팡구가 된 것입니다. 일본의 영어 표현인 'JAPAN'은 바로 여기에서 유래했습니다.

그렇다면 대체 마르코 폴로는 왜 일본을 황금의 도시라고 생각했던 것일까요? 어떤 사람들은 초가집을 본 마르코 폴로가 지붕을 덮은 누런 볏짚을 금으로 착각한 것이라고 말합니다. 또 어떤 사람들은 당시 일본은 은이 많이 나는 곳으로 유명했기 때문에, 금도 당연히 많이 날 것이라고 생각했을 거라고 추측하기도 합니다.

그러나 일본국日本国, 아시아의 동쪽 끝에 자리 잡은 일본이라는 나라의 이름은 금이 아니라 태양으로부터 유래했습니다. '일본'이라는 나라 이름의 뜻은 '태양의 근원' 혹은 '해가 떠오르는 나라'입니다.

옛날에는 일본 동쪽의 넓은 태평양 바깥은 세상의 끝이라고 여겼습니다. 지구가 둥글다는 생각은 하지 못했지요. 예전 유럽 사람들이 대서양으로 나가면 낭떠러지로 떨어질 거라고 생각했던 것처럼, 일본 사람들에게 태평양 끝은 세계의 끝이었던

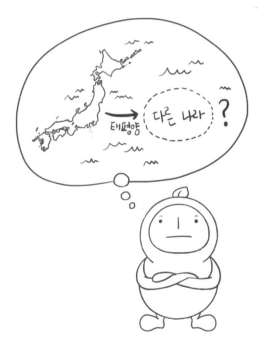

것입니다. 〈스페인〉 편에서도 비슷한 이야기가 나옵니다. 따라서 '세상의 가장 동쪽'에 위치한 일본은 태양이 떠오르는 곳에서 가장 가까운 곳에 위치한 나라였던 것입니다.

이와 관련해 일본의 쇼토쿠 태자聖德太子와 중국 수나라의 황제였던 양제煬帝 간에 재미있는 일화가 있습니다. 쇼토쿠 태자는 607년 중국의 양제에게 편지를 보냈습니다. 이 편지에는 이렇게 적혀 있었습니다.

"해가 뜨는 곳의 천자天子가 해가 지는 곳의 천자에게"

이것을 본 양제는 분노했고, 서신을 들고 온 일본 사신을 내쫓아 버렸습니다.

일본의 국기 역시 태양이 핵심 요소입니다. 일본의 국기는 아주

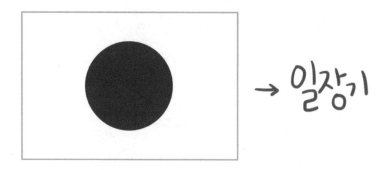

→ 일장기

단순합니다. 흰색 바탕에 붉은색 태양을 그린 것이니까요. 이 깃발이 '일장기日章旗'입니다.

사실 옛날에는 하얀색 바탕이 아니라 화려한 비단에 노란색이나 금색의 화려한 태양을 새겨서 일본 왕실의 상징으로 삼기도 했습니다. 지금의 흰색 바탕에 붉은색 태양 무늬가 새겨진 것은 약 14~15세기경, 일본이 외국과 교역을 활발하게 시작하던 때였습니다.

여러 나라의 배가 들어오고 나가다 보니, 일본 교역선에는 다른 나라와 구별되는 일본만의 깃발을 꽂을 필요가 있었습니다. 마침 당시 선원들이 가장 구하기 쉬운 염료가 붉은색이었습니다. 그래서

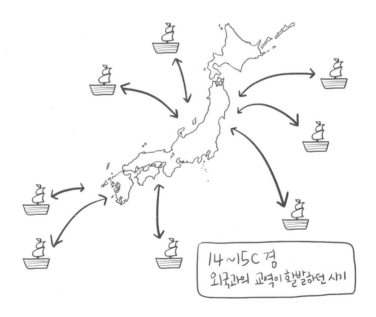

14~15C 경
외국과의 교역이 활발하던 시기

선원들은 이 붉은 염료로 흰 천 위에 태양을 상징하는 붉은색 동그라미를 그렸지요.

비록 우연히 탄생했다고는 하지만, 태양이 떠오르는 곳日本이라는 나라 이름과 하얀 바탕에 붉은색 태양 무늬는 너무 잘 어울리는 한 쌍이었습니다. 이보다 더 적절한 상징을 생각하는 건 어려운 일일지도 모릅니다.

이후 일장기는 일본을 상징하는 깃발로 자리 잡게 되었습니다.

'욱일승천기'는 우리에게 아픔이다

욱일승천기

하켄크로이츠

일본은 한때 일본 제국이라는 이름으로 우리나라, 중국, 필리핀 등 아시아의 수많은 나라들을 점령하고 식민 통치를 했습니다.

이때 일본 제국이 사용했던 깃발이 바로 '욱일승천기'입니다. 이 깃발은 일장기를 변형시킨 모양입니다.

태양이 떠오르면서 붉은 햇살이 사방으로 뻗어 나가는 모습을 형상화한 '욱일승천기'는 제2차 세계 대전 동안 일본 제국의 국기로 사용되었습니다. 독일 나치당이 사용한 '하켄크로이츠'처럼요.

수많은 세계 시민들이 제2차 세계 대전의 전범인 일본과 독일의 침략에 큰 상처를 받았습니다. 따라서 '욱일승천기'와 '하켄크로이츠'를 사용하는 것은 매우 조심해야만 합니다. 이 깃발을 사용하는 것은 일본과 독일의 침략이 정당했다는 의미가 될 수 있다는 점을 잊지 말아야 합니다.

특히 우리나라는 일본의 침탈에 직접적인 피해를 입었고, 수십 년간 식민지 통치를 겪은 아픈 과거를 가지고 있습니다. 그런데도 일본은 제대로 된 사과를 거부하고 자신들의 침략을 정당화하려는 움직임을 보여주고 있습니다. 아직 과거 청산이 제대로 되지 않았는데 함부로 '욱일승천기'를 사용하면 일제 강점기 시절 피해자들에게 또 다시 상처를 주는 일이라는 것을 잊어서는 안 될 것입니다.

우 주 의 이 치 를 담 다 **대한민국**

대한민국

대한민국은 영욕의 역사를 간직하고 있습니다. 일제 강점기를 거쳐 제2차 세계 대전 종전과 함께 해방을 맞이했지만 곧바로 남한과 북한으로 갈라지면서 분단 국가가 되었습니다. 한국 전쟁으로 전 국토가 폐허가 되었지만 '한강의 기적'으로 불리는 경제 성장으로 지금은 세계 10위 안팎의 경제 대국이 되었습니다. 수도는 서울, 인구는 약 5,000만 명입니다.

국기는 나라를 대표하는 상징입니다. 하지만 특별히 우리나라와 다른 나라를 구분할 필요가 없었던 시절에는 국기 역시 별로 필요하지 않았습니다.

그런데 세계가 점점 가까워지고 전 세계의 여러 나라와 교역이나 외교 관계 등을 맺게 되면서 스스로를 대표하는 상징, 국기가 필요하게 되었습니다. 대한민국 국기인 태극기 역시 이러한 필요에 따라 만들어졌습니다.

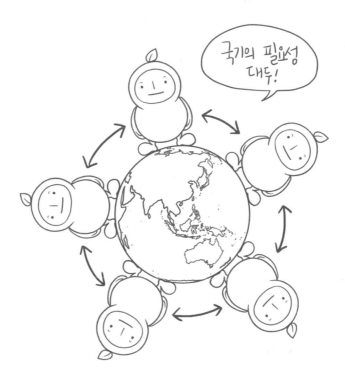

19세기 말 조선은 국기의 필요성을 느끼게 됩니다. 기존에는 중국이나 일본 정도의 주변 국가와 긴밀한 관계를 맺는 것으로 충분했지만, 서구 열강이 한반도에 진출하면서 다른 나라와도 활발하게 교류하게 되었으니까요.

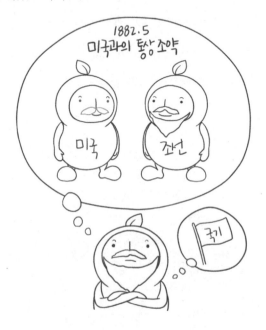

1882년 5월, 조선은 서구 국가와 최초로 조약을 맺습니다. 미국과 맺은 조미수호통상조약입니다. 이때 조선은 국가를 상징하는 국기가 필요하다는 것을 깨닫습니다. 그래서 만들어진 것이 태극기였습니다.

당시 조선의 관료였던 김홍집과 이응준이 만든 태극기는, 외교관 박영효가 실제 외교를 위해 사용하면서 조선의 국기로 인정받게 됩니다.

태극기는 조선의 왕을 상징하던 '어기御旗'를 바탕으로 색과 모양을 단순하게 만든 것이었습니다. 어기는 붉은색 바탕에 태극과 팔괘가 새겨진 깃발이었습니다. 조선의 왕이 행차하는 곳에는 항상 어기가 뒤를 따랐습니다.

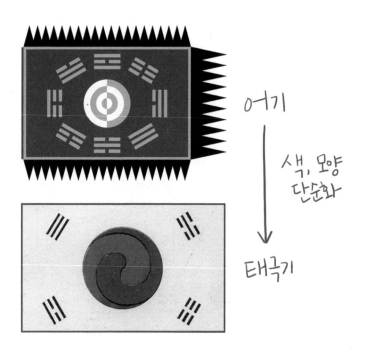

어기

색, 모양
단순화

태극기

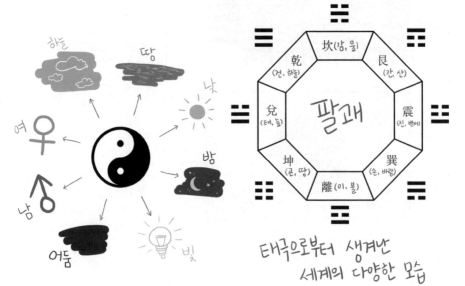

태극으로부터 생겨난
세계의 다양한 모습

태극과 팔괘는 동아시아에서 특별한 의미를 가집니다. 이 문양에는 우주와 세계를 설명하는 철학이 깃들어 있기 때문입니다.

먼저 태극이 어떤 의미를 갖는지 알아보도록 하겠습니다. 태극의 모양은 원래 아무것도 없던 것, 혹은 구분되지 않았던 것에서부터 하늘과 땅, 낮과 밤, 빛과 어둠, 남과 여 등이 분리되어 생성되는 모습을 형상화한 것입니다. 《성경》이나 그리스 신화에서 세상이 창조될 때를 묘사한 부분과 비슷합니다. 무無에서 하늘과 땅, 빛과 어둠이 만들어지는 과정과 닮은 점이 많습니다.

태극이 만물의 근원이라면, 팔괘는 태극으로부터 생겨난 세계의 다양한 모습을 표현하고 있습니다. 여러 가지 모습과 형상을 가진 세상의 모습을 설명하기 위해서, 옛날 사람들은 여덟 개의 기준을 만들었습니다. 예를 들어 옛날 사람들은 세상의 모습이 하늘과 늪, 불과 번개, 바람, 물, 산 그리고 땅이라는 8개의 기본 요소로 분류할 수 있다고 생각했습니다. 마찬가지로 동물의 경우 소, 말, 양, 꿩, 용, 닭, 돼지, 개라는 8종류로 구분할 수 있다고 생각했지요. 물론 세상에는 더 많은 종류의 동물들이 있지만, 그 동물들은 여덟 동물들과의 차이점으로 설명할 수 있었습니다. 예를 들어 염소는 소보다 크기가 작고 독특한 뿔과 수염이 있다고 설명할 수 있습니다. 뱀은 용과 닮았지만 수염과 뿔, 다리가 없다고 하는 식이죠. 즉 팔괘는 세상

우주와 세계를 설명하는 철학

을 이해하기 쉽도록 만든 분류 기준이라고 볼 수 있습니다.

세상을 설명하고자 했던 조상들의 철학과 지혜가 담긴 상징이 태극과 팔괘입니다. 따라서 이 상징을 새겨 넣은 어기는 '왕이 곧 이 세상의 근본이자 기준이다'는 의미를 담은 것입니다.

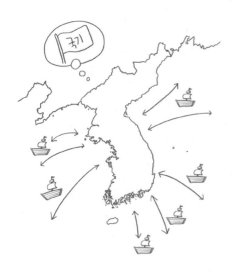

이렇게 조선에는 왕이 사용하는 깃발은 있었지만, 특별히 국기를 가지고 있지는 않았습니다. 그러나 19세기 말 급격하게 외국과 교류가 많아지면서 국기의 필요성을 느끼게 되었고, 왕의 깃발을 바탕

으로 태극기를 만들게 된 것입니다.

태극기는 조선의 어기에 비해 태극의 모양이 정돈되었고, 여덟 개의 괘를 4개로 줄였다는 점 외에는 근본적으로 크게 다르지 않습니다.

하지만 안타깝게도 이렇게 깊은 철학을 담고 있는 태극기를 사용할 기회는 많지 않았습니다. 조선의 명맥을 이은 대한 제국이 일본의 식민

이 태극기는 1886년부터 1890년까지 고종의 외교 고문을 지낸 미국인 데니Owen N.Denny가 1890년 5월 청의 미움을 받아 파면되어 미국으로 돌아갈 때 가져갔던 것으로, 일명 '데니 태극기'라고 부릅니다. ©국립중앙박물관

지가 되어 버렸기 때문입니다. 대한 제국의 국민들은 나라 없는 사람들이 되어 버렸습니다.

하지만 대한 제국과 황제를 상징하던 태극기가 진정한 국민들의 깃발로 탈바꿈하게 된 것은 이때부터였습니다. 일본 제국으로부터 빼앗긴 나라를 되찾기를 바랐던 사람은 몰래 태극기를 만들어 소중히 간직했습니다. 언젠가는 나라를 다시 찾겠다는 희망과 함께 말입니다.

그리고 1919년 3월 1일, 민족을 대표하는 33명의 사람들이 종로에 모여 독립 선언을 합니다. 이 선언과 동시에 종로에 "대한 독립 만세!"라는 외침이 곳곳에서 들려왔죠. 우리 역

대한독립 만세!!

1919년 3.1운동

사에 자랑스럽게 남은 '3·1 운동'이 이렇게
시작된 것입니다.

　서울 종로에서 시작된 "대한 독립 만세!"의
외침은 순식간에 전국으로 퍼져 나갔습니다.
놀랍게도 독립 만세 운동에 참여한 국민들의
손에는 어디서 만들었는지, 누가 손에 쥐어
주었는지 모를 태극기가 들려 있었습니다.

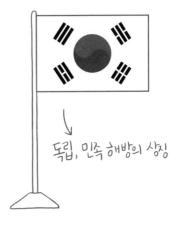

독립, 민족 해방의 상징

= 대한민국의 국기!

↳ 대한민국 임시 정부

이후 언제 어디서나 일본 제국에 저항하는 현장에서는 어김없이 태극기가 휘날렸고, 태극기는 독립과 민족 해방의 상징으로 우뚝 서게 됩니다. 3·1운동의 정신을 이어받은 대한민국 임시 정부 역시 태극기를 자랑스런 대한민국의 국기로 삼았습니다.

일본 제국은 태극기를 만들거나 가지고 다니는 것을 모두 반역 행위로 규정하고 엄하게 다스렸습니다. 하지만 대한민국 국민들의 태극기 사랑을 막을 수는 없었습니다.

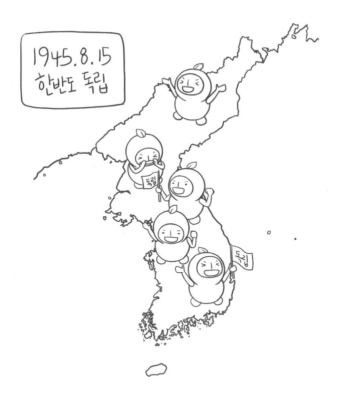

결국 1945년 8월 15일, 일본의 항복과 함께 한반도는 해방을 맞이하게 되었습니다. 일본을 몰아낸 한반도에는 국민들이 주인이 되는 대한민국 정부가 제자리를 찾게 됩니다. 새롭게 수립된 대한민국 정부는 고난의 세월 동안 국민들을 하나로 묶어 준 태극기를 국기로 채택합니다.

본래는 세상의 이치를 설명하는 철학적 의미를 담았던 왕의 깃발이 일제 강점기를 거치며 태극기로 다시 태어나 대한민국의 상징이

된 것입니다. 이러한 역사 덕택에 우리는 태극기를 더욱 자랑스럽게 여기고 소중하게 대하고 있습니다.